JN438368

세상에서 가장 아름다운 춤

유리바다 이종인 시집

오늘의문학사

세상에서 가장 아름다운 춤

오랜 세월 동안 내가 들이마시고 내쉬었던 숨은 깊고 묵직하여 언제나 고독했다. 이러한 호흡의 흐름은 삶이라는 정화의 경계선을 한 번도 시원스럽게 넘어가지 못했고, 가끔 체증의 연못 속에서 올라오는 물고기의 눈물처럼 방울방울 수면으로 떠오르거나 커다랗게 원을 그리다가 사라지기를 반복했다.

숱한 실패와 상처, 방황의 끝에서 주저앉아 하늘을 향해 입을 크게 벌리며 짐승처럼 울부짖던 나의 절규는 어느 날, 하늘로부터 땅 아래로 펼쳐지는 두루마리 안에 유리바다 이종인, 선명한 내 이름과 함께 새겨진 시편의 환상을 체험하고 시작된 나의 노래는 어느새 절망을 눈물의 기도로 바꾸어 놓고 있었다. 그 후 나는 서서히 어떤 감동의 이끌림 속에서 詩를 쓰고 있는 나 자신을 보았다. 또한 한 가지 분명한 점은, 음악을 들어야만 글을 쓸 수가 있었고 음악이 없으면 글도 멈춘다는 사실을 알게 되었다. 소리의 파장을 통해 전해오는 감동의 회오리바람을 나는 안다. 그래서 나의 시 세계를 이해하는 독자들은 음악을 들으면서 내 시를 읽는다. 한 번 읽을 때는 잘 모르겠으나 두 번 세 번 읽히게 하는 '끌림'을 준다고도 했다. 이러한 독자들의 대답에서 나는 가끔 위로를 느끼곤 하였다.

나는 단순히 언어로서뿐만 아니라, 나의 삶 전체가 뱉어내는 언어처럼 추수를 기다리는 겸손한 농부의 마음이 되어 영혼이 풍요롭고 사랑이 샘솟는 존재가 되기를 간절히 기도한다.

세상 어느 외진 구석에서 쓸쓸히 비가 내리거나 바람이 불거나 아름다운 외로움을 위하여 고뇌하는 이들에게 작은 기도의 선물이 되기를 바라며 첫 시집이 출판되기까지 성심으로 후원해 주신 나의 다정한 지인, 독자들에게 존경과 감사의 미소를 전하는 바이다.

내 안의 영靈이여!
내 삶 속에 비바람이 몹시도 불었으나
이제 한 번 길게 숨을 내어 쉽니다
아직은 때가 일러 성숙하지 못한 나의 길은 멀기도 하오나
영성을 이루도록 훈련하고 연단하는
어두운 길목에서도 항상 빛을 비춰주시기 원합니다
사람의 머리에서 나오는 언어가 아무리 화려하여도
사람의 가슴에서 나오는 언어를 이기지 못한다는
당신의 그 말씀을 나는 사랑합니다
언어 속에 가슴 깊이 진실의 씨앗을 심었으나
혹시 내가 모르는 가식假飾이 들어 있다면
내 안에 심어 놓으신 당신의 가시로
생시에서나 꿈에서나 예리하게 찔러 나로 성실케 하소서
얼마나 많은 눈물과 고백과 기도와 사랑이 있어야
당신의 손에 의해 이끌려 간 하늘나라
그 맑고 투명한 유리바다를 찾아갈 수 있겠습니까

2011년 여름.

차례

차례

2 너에게로 가는 비

3 꽃이 바람에게 전하는 말

4 어깨를 빌려주는 여인

5 기다리며 이루어지는 사랑

하나

세상에서 가장 아름다운 춤

새야 새야

새야 새야,
너는 허공에 있을 때 나는 땅에서 울었다
세상과 이혼을 결심하며 울었다
날마다 무거운 몸 제자리 뛰기로 꿈을 꾸고
대숲에 서걱서걱 바람 소리 모아
대나무 높이로 사다리 걸쳐둔 불면의 날이면
헐거워 펄럭거리는 꿈이 나신裸身으로 빠져나와
아침이면 주르륵 빗물처럼 미끄러져 새가 추락하고
추락한 자리마다 꽃이 피고
꽃이 핀 자리마다 알몸의 여자가 일어서며
낮잠 속에서 침상을 땀으로 적시는데
정액이 빠져나간 수척한 얼굴로
이혼 장에 도장을 찍곤 하였다
새야 새야, 오늘은 꿈도 벗어놓고 산을 오를 때
대숲에 서걱이던 그 바람 따라오며 말하기를
새가 되고 자유가 되는 길은
몸으로 꿈꾸며 운다고 가질 수 있는 게 아니란다
텅빈 대피리 속에 하늘 숨소리
내 속에 하늘의 영靈이 채워져 음악이 울릴 때
땅에서 풀어놓여지는 거야
땅에 있어도 하늘이 되는 거야

놓치고 싶지 않은 사람

가장 힘들고 가장 외로울 때
기도의 응답처럼 홀연히 나타나 포근히 감싸주던
사랑을 옷처럼 걸친 사람이 있었어요
나는 계절마다 옷을 받아 입었지만
한 번도 그대에게 옷을 입혀준 적이 없군요
어찌하면 나의 미안함을 벗을 수 있느냐고 물으면
꽃으로 낙엽으로 눈송이로 알몸을 가리며
더 줄 것이 없어 슬퍼하던 그대의 눈빛
돌아보면 사랑의 빚진 자가 되어
그대 침묵의 시간을 따라
소복소복 흰 눈처럼 산책해보지만
처음 타인他人으로 돌아가기에는
우리 길을 너무 멀리 왔어요
지금쯤 그대는 헐벗은 시간 속에서
땀 흘리며 이별을 예감하지만
자리를 대신해 줄 풍요로운 사람을 기도하지만
나의 슬픈 욕심은 오늘도
그대 눈물 속에서 반석처럼 집을 짓고 있어요

가까울수록 아픈 사랑을 위해

타인과 나의 율동이
잠시 멈추어지는 저녁이면
일상의 마취에서 깨어난 듯
사랑하는 사람으로 하여
오늘도 나는 내가 몹시도 아픕니다
사람 사이의 정情도
가까이 있어야 행복한 법인데
어쩐 일인지 나는 요즘
살얼음 강을 건너는 기분입니다
삶에 아픔이 많다는 것은
하루 만에 갈 수 있는 달콤한 길도
수십 년을 둘러 가야 안전해지는
진실을 위한 하늘의 배려일 겁니다
사이가 가까워도 으르렁대는
짐승 같은 세월보다야
사랑하기에 아픔도 따라오는
한 사람을 위해
멀리서 들려오는 기도처럼
아득한 길이면 어떻습니까

애인아 애인아

애인아 애인아
봄비가 바람 속에 직선하지 않고
매화 목련 사이를 오가며 젖는 밤이면
하늘이 허락한 너의 입술을 훔치러 달려가고 싶다
이유를 묻지 마라
후회 없이 사랑하여도 상처는 있는 법
아름다운 세상이면 너를 사랑하지도 않았다
사랑에 밝은 세상이면 너의 입술을 탐하지도 않았다
애인아 애인아
이웃 하나 없는 낯선 거리에서
강도의 칼에 맞아 신음하여도
아침을 기다리듯 죽어도 후회 없을
그리운 사람 하나 기다리는 것이 인생이다
이렇게 비가 많이 오는 밤이면
세상 모든 꽃을 스쳐간 물그림자마다
바보처럼 쓰러져간 꿈을 움켜쥐고
너와 내가 약속한 사랑
저 머나먼 탁류의 강을 거슬러 오르며
붉은 너의 입술을 훔치러 달려가고 싶다
애인아 애인아

돌아간다는 것에 대하여

이미 너무 멀리 와버린 길을 포기하고
문득 뒤돌아 보는 일처럼 슬픈 것은 없었다
꿈자리가 시끄러운 날에는 어김없이 겪는 불행도
익숙해진 길목에서 누군가를 기다리며
쩍 갈라진 빈터 같은 가슴만 하얗게 열어 둔 채
절망의 벽에 손을 짚고
한 모금의 물을 얻기 위해 타들어가는 기도가
새벽 달빛에 수채화처럼 번져갈 때마다
짓누르는 어둠 저 건너편에 금빛 같은 아침 햇살이
간혹 비밀을 푸는 힌트로 반짝이다가
이내 더 깊은 어둠 속으로 가라앉기를 반복하는데
앞을 보고 사는 것만이 희망일 수만은 없어
모두가 날씬하게 빠져나간 세월의 강 하류에서
마주할 수 없는 그대의 빈 얼굴을 매만지며 술을 마신다
어차피 돌아간다는 것은 버리는 것보다 하나씩
지우는 것이 더 가벼운 법이다
깊은 어둠 중심에 주저앉을지라도
두 눈 부릅뜬 채 사노라면
굳은 의지와 상관없는 아침이 나를 끌어내리며
처음 시작한 길로 붉게 익어 돌아오게 하는 것임을
다시는 돌아가는 일이 없게 하는 것임을

아름다운 외로움을 위하여

사람과 사람이
너무 멀리 떨어져 있어도 오해하기 쉽고
사람과 사람이
너무 가까이 있어도 서운해지기 쉽습니다

진정 친해지고 싶으세요?
그렇다면 상대에게
나를 기대하지 말고 그냥 좋아하세요

진정 사랑하는 마음을 갖고 싶으세요?
그렇다면 상대에게 먼저 나의 무엇을 바라지 말고
그냥 주는 것으로 편안해지십시오

사람은 누구나 외롭습니다
많이 있어도 외롭고
너무 없어도 외롭습니다
그러나 가지려 할수록 더 외로워집니다

사람과 사람이 서로 사랑하되
자기의 인생을 사람에게 기대하지 마십시오
우리는 모두 잠시 얼굴을 맞대며 쉬었다가
각자 길을 떠날 뿐입니다

당신이 외롭다면
진실한 삶을 살아갈 수 있는 자격이 있습니다
인내를 가지고 그 외로움을 사랑하십시오
그리하면 당신이 알지 못하는 사이
당신을 이해하고 위로해 주는 시간이
점점 더 많아질 것입니다

가끔 너의 이름 부르면

가끔 너의 이름 부르면
다른 세상에서 다른 삶을 사는 나를 보곤 했다
남들이 등록해 놓은 넓은 길을
어쩔 수 없이 걸어가는 동안에도
숲은 없고 목소리만 큰 나무 틈에서
내가 부르는 너의 이름은 작았지만
사랑한다는 것이
평생을 쓴 풀을 삼킨 끝에야 흐르는
고요한 눈물이라는 걸 알았다
너의 이름 하나가 길이 끝나는 곳에서
강을 헤엄쳐 가야 만날 수 있는
그토록 좁은 길이란 걸 알았다
주야로 들려오는 짐승의 소리
세상은 아름답다는 유언비어에
내가 속지 않고 사는 것도
어쩌면 사랑을 통해서 부르는
눈물 같은 너의 이름이 있기에
뼛속 깊이 들여다보게 되는 기도의
아름다운 세상이며
짐승의 소리인 줄도 모른다

바다와 민물고기

나는 연못에서 태어난 물고기
녹색 아메바에 젖은 그리움 배를 채우고
주렁주렁 바다소리 꽃 피던 날
빗물 따라 미끄러지며 그대 바다로 갔네

바다 속에서 목마른 나,
빨갛게 타들어가는 입술 포개며
혼자 소금을 삼키며 우는 그대 바다
파도치는 눈물로도 젖지 못해
나는 헤엄칠 수 없네

얼마나 오그라들며 타올라야
이승에 녹아진 기름이 되어
해초에 뿌리박힌 사랑 노래
불을 켜고 하늘 문을 열 수 있나

한 잎 한 잎 벗겨지는 비늘마다
나는 고백 했네 살아도 죽어도
그대 초록의 물빛 가슴 얼굴 파묻고
소금치는 아픔으로 사랑을 고백 했네
나는 민물고기
오늘도 소금을 빼내며 우는 그대 바다
나는 과거를 잊었네

당신의 침묵

침묵하는 당신 앞에 배를 띄웠습니다
무디어져 가는 가슴을 거푸
파도 속에 담금질하며 노를 젓던 내 혈관 속으로
당신의 추억은 멈출 줄 모르고 파고들었지만
바람 없는 바다 한가운데
돛을 올려도 움직일 수 없는 그리움만
당신을 향해 고정되었습니다

남풍이 불기만을 기다리며
빈 그물을 손질하던 내 손끝으로 저녁노을이 지고
당신의 심장 소리 고요하기만 한데
산란기를 만난 물고기떼는
달빛 속에서 만삭의 눈물을 흘립니다

신호를 알 수 없는 당신의 침묵
만선을 꿈꾸던 나의 사랑은
빈 그물을 끌어안고 무작정 대답을 기다리기에
바다는 너무 넓어서 눈이 아픕니다

언젠가 당신을 처음보고 눈이 아팠던 것처럼
당신의 침묵과 나의 고독은
풀리지 않는 인연의 매듭으로 남아

여전히 순백의 깃발처럼 육지에서 몰래 걸어나와
바다 한가운데에서 걸음을 멈춥니다

아름다운 추락

산다는 것은
그리움을 통해 성장한다는 거다

서서히
그러나 흔들려도 넘어지지 않는
뿌리 중심의 얼굴이 되어
속이 꽉 찬 기도로
평생 기다려온 너의 사랑 앞에
음악으로 떨어지고 싶다

무게를 견디지 못하고
추락하는 고백은 얼마나 처절한가
성급히 익어서 앞질러 간
화려한 모든 삶의 이름 앞에
외마디 비명처럼 타오르는
불멸의 약속

거짓이 아무리 세상을 앗아가도
고독한 진실로 서 있는
단 한 사람
그대 몸에 끝없이 떨어지고 싶다

더는 아프지 않았으면 좋겠어

차라리 영영 숨어버리고 싶을 때가 있었단다
내가 복이 없어 가난했던 이 날까지
사랑했던 사람들
회전하는 계절마다 손에 꽃물을 들이고
사랑하는 이의 가슴을 만지기만 하면
요술처럼 행복의 문은 활짝 열렸으나
왜 그리도 피멍이 들고 신음하는지
더 힘들고 가난해지기만 하는지
우연이라 하기엔 너무 많은 인연의 아픔
조각조각 흩어진 이별의 작은 웅덩이를
밤새워 끌어모아다가 연못을 만들고
차오르는 그리움에 詩를 쓰며
널 위한 기도의 물꼬를 터뜨려 강물처럼
바다에 이르는 노래를 부르지만
미안해요, 나는 이제 너무 가난해요
대답처럼 들려오는 너의 신음소리
행복한 세포에 밀려드는 너의 슬픈 신음을
나에게 원인이 있음으로
떠나야만 종결되는,
새 살 돋는 치유의 사랑이라면
눈물로 기도해,
이제 더는 그대가 아프지 않았으면 좋겠어

아카시아 향기가 너무 좋습니다

이럴 줄 알았으면
그냥 헤어지지 말 걸 그랬습니다

호수도 눈부시고
우리의 이야기도
차분히 깊어 좋았습니다만

축 늘어진 아카시아에서
금세라도 꿀물이
뚝뚝 떨어질 것 같습니다

조금만 더 있다가 가시라고
살며시 손목을 잡고
이리로 데려올 걸 그랬나 봅니다

해가 길어서 그런지
나는 혼자 서운해서
아카시아 아래 앉아 있습니다

잘 지내시나요

음정월
대보름 달빛을 밀어내며
저만치 봄이 오고 있습니다
아직은 영하의 새벽
안개강에서 풀어내는 꿈들이
사시나무 속에서 칭얼칭얼
초조히 익어가는 밤
침묵으로 곪아가던 사랑도
겨울나무 사이에서는
연인끼리 부딪히며 우는
세상 뼈들의 눈물 같은데
멀리,
차마 멀리서 보내는 눈빛인듯
그대 향한 인연의 안부도
잘 지내시나요, 하고 말하면
와르르 무너져 내리는 추억
달콤한 작별의 오해처럼
그대보다 봄이 먼저 오십니다

詩를 읽는 여자

시를 읽으면 詩가 되어 내가 보인다니요?
한 번도 본 적 없는 그대가
내 안에 들어와 눈물로 집을 짓고 무인無人의
바다 속에서 결혼을 하고 달빛 아이를 낳았다니

우주 삼라만상의 詩 중에 하필 나입니까?

많은 사랑을 통해 한 사람을 보나,
한 사람을 통해 많은 사랑을 하나, 같아요
내가 꽃으로 살아남기 위해 시를 읽으며
당신과 살았어요

지금도 내가 보입니까?

아뇨, 처음엔 보였으나 지금은 없어요
공기를 가로지르는 바람이 땅과 하늘을 이어주고
당신의 영혼만이 별의 정액처럼 쏟아지며
나는 날마다 임신을 합니다

그대의 자궁子宮 속에
많은 시인이 태어나길 기도해요
새 땅, 새 하늘 같은 나라가 오겠지요

사랑과 이별의 메시지

사랑은 연습하는 것이 아니다
실험과 모방으로 익숙해진 삶이 싫었다
사랑하면서도
나를 앞세워 간 추억 속에
먼 거리를 힘겹게 따라오는 한 사람
사랑하는 사람에게
미안하다 말할 수 있는 사랑이
진정한 사랑이다
미안하다고 말하는 순간
그 사람은 나에게 얼마나 관대하였던가

이별은 후회를 남기지 않는다
무수히 씨앗을 뿌리고
잔가지를 뻗으며 잎을 피워도
열매도 잎새도 물들거나 떨어지지 않는
이 삭막한 억지 눈물의 시대를
이별이라 할 수는 없다
이별은 함께한 거리보다 더 먼 거리
애타게 서로 꿈꾸다 추락해간
바로 그 자리에
보다 환한 얼굴로 새로 만나는 것이다

세상에서 가장 아름다운 춤

인생의 길을 잘못 걸을까 걱정이 되어
어릴 때 미리 하나님은 아무도 몰래
내 다리를 아프게 했나 봐,
어른이 되어서도 자꾸 넘어지는 걸
그저 다리 탓이라 여겼지
차츰 그 원인이
길이 아닌 길을 걷고자 한
고집스러운 내 마음이었다는 걸 알았어

많이 외롭거나 슬퍼지는 날에는
자주 하늘을 보는 버릇이 생겼지 뭐야
수많은 이별이 오고 비가 멈추던 날
사랑하는 이와 가장 아름다운 춤을 추고 싶다
간절히 기도했더니
어디선가 한줄기 서늘한 바람이
내 속의 모든 것을 송두리째 휘감아
산으로 옮겨다 내려놓더군

바람이 적절히 불어주지 않았으면
춤도 음악도 아니었을 거야
하늘, 구름, 꽃, 잎사귀, 새소리
행복, 이별

사랑하는 이여, 그리움이여
춤은 나에게
나는 춤에게
그랬어, 나는 세상에서 가장 아름다운 춤을
하나님과 단둘이서만 추었던 거란다

목련이 지던 밤

초승달과 바람만 있었다
달은 하나뿐인데
다 지고 난 목련 나무에서 자꾸
달이 떨어지고 있었다
누군가 하얗게
평생 모르는 눈물 대신 흘리고 있는가
더 야위어 갈 곳 없는 삶
내 몸속에서
수분을 빼앗아 갈 수 있는 이는
오직 한 사람
무수히 흉터를 감추며
먼 여행길에서 돌아오다 넘어진 상처
평생을 기다려온 손으로
겹겹이 싸매주는 이의 미소뿐이다
지치고 곤한 몸
어깨 기대며 입술을 포갤 때
눈 감고 소리없이 눈물 흘리던 이는
목련 나무 아래 마지막
달빛 여인이었다

황새와 뱁새

시냇가에서
황새가 보폭을 줄이며 먹이를 찾습니다
황새의 배는 예전부터 불룩합니다만
물이 마르니까
개구리 물고기 햇볕을 피해가며
바닥에 납작 엎드려 있습니다
황새보다 뱁새의 수가 더 많습니다
뱁새가 겨우 한 끼 먹이를 구하는 동안
황새의 몸이 한번 지나갈 때마다
아침저녁 풀들이 뿌리째 뽑혀나갑니다
뱁새의 수가 아무리 많아도
한 마리 황새를 당할 수 없습니다
마음은 당장 따가운 눈총을 무수히 쏘아대는데
뱁새는 보폭을 길게 늘여보지만
자꾸 가랑이만 아픕니다
밤이 되면
물기 있는 곳마다 뱁새 시퍼런 눈 속에
소망의 촛불이 반딧불처럼 반짝거리지만
황새도 여러 마리로 늘어나면서
촛불도 그 그늘에 가려지고 맙니다
그러나 밤에는 초대받지 않은 손님처럼
달빛만 환해서 섭섭합니다

이러면 안 되는데

이러면 안 되는데
정말 안 되는데 하면서도
나도 모르게
당신에게 점점 더 깊이 빠져듭니다
이러면 안 되는데
분명히 안 된다고 돌아섰는데
어느새 당신 앞에 서 있습니다
빈손뿐인 허전한 마음
당신에게 아무것도 줄 것이 없어서
멍하니 하늘만 쳐다보는 사이
날은 저물고 휘영청 달이 뜹니다
달이 참 밝지요
그 흔한 말 한마디 하면서도
마구 심장이 쿵쿵
뛰는 걸 어쩌란 말입니까
이런 나를 보며 당신은 자꾸 웃고
나는 무슨 말을 못하고
당신의 붉은 입술만 쳐다봅니다
이러면 안 되는데
정말 안 되는데 하면서도

쓸쓸한 분노의 계절

닭울음 소리 들어본 지 오래다
오늘도 빈 주머니 속에 내일을 집어넣고
회색빛으로 돌아오는 등 뒤에서
심심한 새벽이 습관의 하품을 해대며
성급히 아침의 멱살을 잡고
시비를 걸고 있다
언제부터 저리도 사이가 나빠졌을까
닭울음 소리를 혹시 들었느냐고
빈 소주병을 베고 누운 노숙자에게 물었더니
단돈 500원으로 뽑기 해낸 시계를 보여주며
감미로운 알람 소리를 들려준다
동문서답의 제스처가 기이해서
혹시 개짖는 소리는 들어본 적 있느냐고
정색하며 물었더니
검은 비닐봉지 속에 반쯤
술안주로 먹다 남은 개뼈다귀를 보여준다
이 사내 유식하다
화려했던 경력을 자랑하는 사연만 빼고는
여름이다 여름
모든 것이 이글이글 활활 거리는

목련 편지

봄이 오고 나서도 오래도록 날은 심술궂었으나
오늘은 또 무슨 장난을 치려는지
목련을 스치며 지나는 바람이 한여름 같습니다
한 며칠 몸살을 앓은 듯한데
햇살 고운 벤치에 앉아 한 잎 한 잎 지는 목련을 보노라면
추억 속에서 몇 안 되는 내 다정한 이들이
눈물이어도 웃음이어도
저리도 아름답게 떨어질 수는 없으리라
혼자 넋을 놓고 바라봅니다 혈기 넘치던 시절에는
뜨거운 사랑도 절제를 몰라 상처도 많았어요
남을 앞서고 높이 오르는 자가 인정받는 세월에
넘어진 무릎의 흉터를 무수히 싸매가며
두루마리로 엮은 생의 이력서를 일기장처럼 펼쳐보이자
어깨를 쓰다듬고 따뜻이 손을 잡아주고 나서는
멀리서 수군거리며 비웃던 웃음소리가 시간이 흐르자
그 비웃음이 바로 그때 손을 내밀며 어깨를 감싸주던
나와 인연을 맺은 사람들이었다는 걸 알았어요
다정한 이여, 그대 삶이 부디 강건하기를 소망합니다
예전에는 힘을 다해 강을 헤엄치면 되었으나
요즘은 어쩐 일인지 살얼음판의 강을 건너는 듯해서
한 걸음 한 걸음 발을 디딜 때마다 눈물이 납니다
목련은 다정한 이의 눈빛처럼 저리 눈부시게 지고 있는데

달빛 자객

무슨 비밀이 많기에 저리도 경비가 삼엄한가
나는 높은 이의 이름에는 흥미없다
다만, 하류에 물이 말라가므로
상류의 일이 의심되어 잠입했을 뿐
일차 사각지대를 향해 표창을 휙 던졌다
우르르 몰려가는 소리와 아우성 대감 사랑채에 불이 켜진다
나는 화들짝 놀라며 일어나는 대감의 목에다 장검을 겨누며
나지막이 말했다
상류에 물을 막으면 하류도 죽고 상류도 죽소
상류는 고인 물이라 썩고 하류는 가뭄으로 죽소
옆에 누운 알몸의 여인은 유명 배우구려
사생활은 내 알 바 아니고 속히 물꼬를 터 주시오
식은땀을 흘리는 대감의 손이 암수의 장치 끈을 잡는 순간
나는 또 표창을 날렸다 툭 끊어지는 줄,
아래는 블랙홀 같은 지하세계였다
살 · 려 · 주 · 시 · 게, 내 마음대로 하는 게 아니라네
수문을 열 수 있는 열쇠는 바로 웃어른이 가지고 있다네
나는 다만 대리 인생일 뿐이라네
뭣이라고?
그때 사각지대에서 사랑채로 몰려오는
호위 무사들의 소리가 나를 에워싸기 시작했다

가을 데이트

몰래 하는 사랑도 깊어지면
편안한 만남으로 이어지나 봐요
불안하던 당신도
가을이 되어서야 안정하니
고마워요

멀리서 오는 당신을 마중하면
비가 오나
바람 부나
언제나 그 자리

밤이 깊어지면 떠난다는 사실
손을 놓지 못하고
배웅하는 길은 마중보다 멀어서
자꾸 이정표를 지나쳐요

가을은 빈자리가 많아서
당신과 데이트를 하여도
낮이나 밤이나 그립기만 합니다

오랜만입니다

해묵은 풍경 앞에서 다시
만날 수 있어 반갑습니다

살다 보면 사정도 이유도 많아
물음 하는 자
대답하는 자
서로 특별할 건 없으나

변질하기 쉬운 그대와 나
한 치 앞을 볼 수 없는 세상
처음 그 마음
그 느낌 살아 있으면

소용돌이치는 인연의 늪에서
헤쳐나온 안도의 한숨처럼
오랜만에
다시 만날 수 있음이
행복입니다

가을 江에서 기도를 하면

江에 비친 얼굴이
처음엔 내 얼굴인 줄 알았다
내가 등에 지고 왔던 수많은 계절이
나보다 먼저 하나 둘 강물에 뛰어들고 있었다

실패한 사랑의 이야기를
얼마나 많은 기도로 풀어놓아야
강물이 굽이쳐 흘러도 떠내려가지 않는
내 안의 행복이 되는 걸까

가을 江에서 기도를 하면
내가 사랑한 이름보다 더 많은 하늘이
江에 먼저 빠져 죽는다

굳이 그럴 필요 있느냐고 물으면
삭제된 내 삶의 이별 대신
온통 붉은 열매 같은
붉은 옷을 입은 사랑의 얼굴이 강물에 떠올라
내 안의 그리움을 끌어내리며
눈물로 고백하고 있다

천하를 다 내어 주고서라도
가을은 사랑하는 이에게
오직 사랑으로 갚아주고 싶은
약속 때문에

꽃 지는 날에 4

꽃 핀 모습보다
꽃 진 모습을 더 오래 보는 버릇이 생겼다
미련 때문이거나 우울해서가 아니다
예쁘고 아름다운 것은
가만두지 않는 사람의 버릇이 오히려
완악하다는 안타까움 때문이다
꽃이 제 명을 다하고
천천히 지는 모습을 보고 싶다
꽃은 사상 없이 피는 숙명이다
자리를 빼앗기지 않을까
혹은 빼앗아 채우고 싶은 욕심이
저절로 피는 꽃을 죽인다
이제 사람이 만든 꽃이 무수히 필 것이다
어느 곳에도 썩지 않는 꽃이
서서히 인생을 삼키고 말 것이다
나는 피는 꽃보다
지는 꽃이 더 아름답다

둘

너에게로 가는 비

비가 나무를 적시며 물었다

비가 나무를 적시며 물었다
시냇가에 살면서도 목마른 너의 삶이
하도 궁금해서 내려왔다고

나무가 비를 안으며 말했다
흐르는 물에 내 사랑 비출 수 없고
뿌리째 몸을 적셔도
물살에 스치는 인연이 아파
채울 수 없는 목마름에 산다

어쩌면 너의 욕심이 아닌가
세상사 다 그러하거늘

땅은 영원하여도 하나뿐인 목숨
진정한 사랑이 욕심일 수는 없다
수많은 이야기
수많은 노래가 있을 뿐이다

목마른 사랑이 잎으로 돋아나고
가지를 뻗어가며 입을 벌릴 때마다
나는 너에게 약속으로 내리겠다
하늘의 이야기로 내리겠다

봄비 소리에

잠을 자면서
몰래 비에 묻어오는 너를 보았다
가까이 다가올수록
내 심장보다 더 빨리 꽃이 피고 있었다
꽃은 詩人이 되어
너보다 더 빨리 강물을 만들고 있었다
빗소리를 들으며 자고 있으니 꿈은 아닐 것이다
봄비 소리에 아랫도리 불끈 솟곤 하던
환장할 고백을 두루마리로 엮어
사랑하기에도 아까운 너를 향해
속이 훤히 비치는 비단 망사를 길에 깔아두겠다
기어이 너는 내 앞에 젖은 옷을 벗으며
애매한 미소를 짓는구나
옷을 갈아입기 전에 가을에 고백하고 겨울에 약속한
수백 번 사랑한다는 말보다
이제 한번 너를 안아보아도 되겠니
그 먼 길에 데리고 온 빗소리가
비밀한 사연을 가려주고
젖어서 활짝 피워버린 꽃이
너와 나의 몸을 덮어줄 테니까

비의 정사

마주하고 싶다는 것은
수많은 바람 속에서 또 다른 허공을 만드는 일이다

샛별도 들지 않는 샛길을 걸으며
나는 오늘도 비에 합성되어 떠도는
너의 눈과 마주친다
회오리치는 그 자리에
원 없이 벗겨진 옷을 풍경 밖으로 던지고
너의 몸과 합친다
희망 없는 시대를 위해
너의 자궁 속에 정자를 뿌리며
죽지 않는 영원한 아이를 낳고 싶다

오르가즘을 모르고 사는 땅에
땀과 피로 뒤엉킨 신음의 안단테와 비명소리
나는 그것을 그리움이라 한다

비 내리는 그날에 너와 나의 단 한 번 정사로도
바보들이 사는 세상에는 사연도
태어난 아이도 모른다

2월에 내리는 비

땅이 육신을 점령하던 날
그리움에 터져 나온 그대 영혼은
혼자 노래하고
혼자 기도하는 법을 알았을 테지
너에게만 하는 말이지만
육신은 금빛으로 물들여도
썩을 수밖에 없는 슬픔뿐이란다
너와 나 병들어 아플수록 사랑은
하늘과 무척 가까운 곳에 걸어두자
만나기 전에 몸져누운 세월 동안
어디 있었느냐고 나에게 묻지 마라
사랑한다고 모두가 인연은 아니란다
열리고 닫힘의 세월 속에
기어이 다 열어버린 문 앞에 서서
만년설에 한번 피는 천 년의 꽃처럼
하늘이 단 한 번 눈맞아
바람피워 낳은 아이처럼
어둠이 내려깔리는 땅 위에다 비밀히
겨울에서 봄으로 내려가며
흘리는 피 같은 눈물이 아니더냐

3월에 내리는 비

누구냐? 너는 누구이기에 가릴 것 하나 없는 빈 몸
불면의 세월 보내는 얼굴 앞에
매복한 수만 대군의 화살로 쏘아대는 것이냐
사랑은 병법으로 통하지 않는 심장의 꽃이다
물이 물을 향해 전쟁을 일으키면
그것은 흘러가며 채워지는 숙명이다
내 평생 서원한 기도가
물로 만든 갑옷 한 벌 입는 것이거늘
이미 젖은 것은 목말라하지 않는 법
너는 어찌하여 꽃도 피기 전
듬성듬성 가봉한 미완의 사랑에다 성급히
부메랑의 눈물로 쏘는 것이냐
나는 이제 혼자서 싸매야 할 상처도
흘려야 할 눈물도 없구나
머무를 곳 하나 없는 세상
사방 바람으로 불어가다 사라진 그곳이
영원한 추억이 되고픈 내가 그리도 밉다면
마음껏 쏘아라, 말없이 받아주마
허공을 관통한 화살이 땅에 떨어져야만
비로소 호명된 생명이 꽃으로 일어서고
자폭한 너의 사랑도
돌무덤을 밀어젖히며 걸어나올 테니까

당신에게 말하고 싶어요

소식도 없이
오래도록 침묵이 이어지는 날이면
몸이 아프거나 마음이 우울하거나 혹은,
바람 속을 거닐고 있다 생각하세요

당신은 보고 들어야 행복하지만
나는 많이 침묵해야만 한 줄의 시詩를 씁니다

만날 때마다 미운 말만 했다고
참새처럼 종알대며
귀찮게 했다고 자책하지 마세요
잘 익은 벼와 울창한 나무가 되고자
나의 세포를 열어주는 그대가 좋습니다
화가는 손에서 사랑이 나오고
시인은 눈에서 사랑이 나오죠

눈으로 손으로 시작된 사랑도 추억이 쌓이면
자꾸 깊어집니다
자꾸 침묵합니다
당신에게 말하고 싶어요

너에게로 가는 비

창 밖에는 바람에도 꺾이지 않는 비가
고집스럽게 내리는데
이제는 가야 한다고
떠나야 한다고 수없이 뇌어보지만
있어야 할 곳도
떠나야 할 곳도
지우지 못한 이야기로 남아
손에 든 사랑은 비에 젖어 부풀어 오르는데
약속도 없이 기다리는 당신의 땅에도
당신이 들고 있는 사랑에도
하루종일 비가 오는가요
오늘 버려야 할 것에도 정은 남는 것
정처없이 길을 걷다가
그 길 끝에서 당신을 만나지 못해
다시 새 길을 내어 보지만
당신 눈동자 같은 새 길을 내어 보지만
멈추지 않는 비는
가슴에 수많은 추억만 찔러놓고
새로 난 길을 차지하고 앉아
포기할 수 없는 그리움 싸늘히 지우는데

쓸쓸한 아침편지

괜찮은가요? 아무 일 없는가요?
간밤엔 느낌표로 지새운 탓에
아침이 되어서야 그대에게 물음표로 다가서는
혼자 외로운 인사를 합니다
습관처럼 세상에 많은 이가
고집스러운 빛깔로 거대한 세력을 형성할 때
계산에 밝지 못해 감성에 치중한 삶이 가난할 수밖에 없어
햇살 스며드는 숲 속에서
바람 머무는 나뭇가지마다 시詩를 써보지만
떠는 잎사귀 하나하나 지폐처럼 웃음 짓는
고달픈 유혹에 옷을 갈아입고픈 삶이어도
의복이 목숨보다 중하겠습니까
눈에 익숙하고 만지는 데 즐거운 인생사가 넓은 길이어서
고요한 샛길 같은 그대와 나, 협곡을 지나가는 풍경이
어쩌면 사랑에 목숨 건 운명이겠지요
오늘도 하루의 강을 무사히 건넜으면 해요
아마 곧 내일이 오겠지요 넓은 길과 좁은 길의 갈라짐 같은
선명한 약속이 오겠지요
남들은 욕망을 불태우며 살더라도
우리는 부지런히 기름을 준비하고
오래 참고 기다리며 삽시다
그대여, 오늘도 강건하세요

그대가 그리운 까닭은

어둠 깊은 밤을 골라
그대와 하룻밤을 보냈다고
마냥 그리운 것이 아닙니다

너무 가까워서 소홀하기 쉬웠던
나의 눈과 귀
별에 바람에 고정되어
섭섭하게 젖어 있었던 그대 눈빛이
가슴 깊이 새겨지기에 그립습니다

미안해서 그립고
약속해서 그립습니다
또 무엇으로 채워줄까
땅과 하늘에 물어보느라
이적지 세월 보내는 까닭입니다

내 안에 있어 좋은 사람

그대는 멀리 있으나
옆에 있으나 늘 좋은 사람
아침저녁으로
꽃이 피거나
잎이 지거나 하여도
내 안에서만
움직이는 계절의 꿈

오늘은
푸른 잎사귀 꽃그늘에 앉아
나를 벗고 그대를 입혀보는 시간
가끔은 천둥비 울어도
떠난다는 말 없어
약속의 믿음으로
어디서나 보이는 한 사람

그대 눈물을 보네

꿈은 아니었네
뜬 눈 지새운 세월마다 별이 내리고
꽃이 길을 내던 날
나는 가슴에
봉인된 詩를 보여주며 물었네
바람부는 날에는 그대에게 가도 좋으냐고

하현의 달빛에 쓰러지듯 내 가슴에 안겨
고개를 가로 저며 눈물 흘렸네
왜 우느냐고,
수천수만의 노래 속에 이별 없이 머물러도
당신에게 다 줄 수 없는 내가 밉다며

돌아오는 길을
반쯤 가린 구름 틈새로 달이 숨어보는데
그대는 없고
그대 눈물만
내 뒤를 조용히 따라오고 있었네

빗속의 입맞춤

예고도 없이 찾아온 너를 끌어안고 입맞출 때
밖에는 나와 상관없는
칠흑의 꿈들이 젖고 있었다

너는 파르르 떨었으나
잠시 비를 피해왔다고 했다
가슴을 파고들면서도
비가 멈추면 가야 한다고 했다

아무 말도 하지 말아요

꽃은 사연 없이 피지만
인생은 젖을수록 그립기만 하다
너는 밤비 속에 젖어왔지만
나는 너에게 아침 햇살을 주고 싶다

넘어설 수 없는 이 밤
붉은 너의 입술 사이로
싸늘한 추억이 흐르는데
울어대는 빗소리는 썰물처럼 밀려나가는데

이제 가야 해요

살며시 몸을 밀어내는 너의 고운 손
밤비 멎은 어둠 속에
회오리바람이 분다

새벽 멀리
꽃잎에 물방울 떨어지는 소리

안식을 꿈꾸며

내 인생의 아침과 새 길을 만나기 전에
아주 잠시만이라도 편히 쉬고 싶네
내 심장을 먼저 들여다보고 나서
은밀히 하늘을 향해 말하곤 하였네
언제 부유와 쾌락의 삶을 원했는가

밤새 먼 길을 오가며
항아리에다 물을 절반으로 부어놓고
다시 절반의 물을 길어 올 때면
이미 항아리 속은 비어있곤 했었네

낮에는 뜬 눈의 잠결 속에
먼 길에서 잃어버린 사랑을 만나듯
항아리에 물을 채우고 나면
붉게 익은 삶의 포도주로 낯빛이 변하는
그런 장면의 꿈을 꾼다네

누구에게나 고통의 삶은 있겠지만
그대가 참고 견디는 통증의 경험으로
타인의 아픔을 함부로 말하지 말게나

솜털 같은 침실이 아니어도
잠시 나무 의자라도 좋으니
뒤로 약간 기울어진 각도의 몸으로
뭉친 세포와 혈관을 풀어놓고 싶네

돌이 되어가는 사람들

나름대로 이유는 있겠지
물어보면
이런저런 말들이 있겠지
그러나 기억하며 살거라
그 이유가 쌓여서
그 핑계가 쌓여서
모두가
돌이 되어 가는 거란다
지구의 60억
빛깔도 모양도 다르지만
하필, 돌이라 하느냐
돌에도 우는 돌이 있고
울지 않는 돌이 있단다
그보다 불행한 돌은
이러지도
저러지도 않는 돌이란다
그래서 나는 날마다
춤추는 돌이 될 수밖에

조금 늦게 오셔도 좋습니다

하고 싶은 이야기는 많습니다만
평생을 함께하여도 풀어낼 수 없는 것이
인생의 마음인가 봅니다

내가 10년 전이었거나
바로 어제였어도 이런 이야기 못 합니다
오늘은 허리 굽혀 흐르는 시냇물처럼
절로 나오는 한숨 같은 이야기를 해봅니다

아무리 그리움 속에 살아왔어도
당신을 성급히 사랑하지는 않았습니다
서로가 알 수 없는 인생길이다 보니
가끔 늦은 이유를 물어본 것 뿐이지요

사랑한다는 사실도 서로 믿음이고 보면
조금 늦게 오셔도 좋습니다
천천히, 그러나 부지런히 말입니다

밤하늘 별들이 쓸개 비로 내리고

장대비가 내리던 날, 어느 몹쓸 놈이 재미삼아
밤새도록 강간하다 버린 나목裸木이 있었네
숲 속에서 불을 켜놓고
밤이면 불나비를 노래하던 나목裸木 이었네
낙엽이 함박눈처럼 내리던 날
또 어느 몹쓸 놈이 강간을 한 뒤
나뭇가지 끝에 유산한 꽃 한 송이 매달고 가버렸네
피묻은 상처를 씻어 새 옷을 입히며 나는 물었네
너를 사랑해도 되겠니?
나목裸木은 고개를 가로 저며 웃고만 있었네
눈물의 첫날밤을 보내고
나목裸木은 몸을 일으키며 말했네
이별이 어떤 것인지 아세요?
다시 나목裸木이 돌아오던 날 매미가 울고 있었네
당신의 이별을 얻고자
다른 강간범과 동거를 했었어요
세월이 지나고 나목裸木의 가지 끝에는
몇 송이의 꽃이 순진하게 피고 있었네
밤마다 나목裸木은
이부자리 속에서 강간범 얘기를 했네
이별은 아름다운 거에요, 우리 헤어져요
나는 칼로 내 배를 갈라 팔닥팔닥 심장만 남겨두고

인연의 강물에다 모조리 쏟아붓고
아슬하게 간肝에 매달린 쓸개만을 터뜨려
詩와 반죽하며 빵을 만들어 먹다가
초롱초롱 밤하늘 별을 향해 집어던지곤 했었네
그런 날에는 응애응애 버려진 아기 울음처럼
칠흑의 어둠 속에서 별들이
쓰디쓴 쓸개 비가 되어 내리고 있었네

상처

세월이 지나기 전에는
아직도 상처로 남아 있겠지
사람을 아주 믿지는 말았어야 했다

다만 가까운 거리에서
다만 일정한 거리에서
사람을 사랑하는 법을 몰라서
상처가 상처를 낳았던 것이다

세월이 지난 후에
오히려 상처가 내게는 유익이 되었다
그러므로 내가 이제는
성숙하고 겸손해진
그 풍요로움으로 하여
사랑합니다 고백을 한다

오래 참고 인내함으로
상처가 살아가는 이유가 되었고
기도가 되었고
감사가 되었다

비가 내리고 있습니다

비가 내리고 있습니다
지금쯤 산에서나 들에서나 소리소문없이
겸손하게 피어나고 있는
꽃처럼 맑은 당신의 얼굴을 그려봅니다

세상의 숲에서
꽃으로 피고 싶은 소망 하나
가슴에 품고 살아도
우리 인생은 목마르지 않습니다

입술로는 사랑한다 하면서도
마음은 서로에게 멀어져 가는
이방인의 날씨 같은 삶은 살지 맙시다
사랑은 하는 것이지
사랑하는 사람은 사랑을 기다리지 않습니다

비가 내리는 날에는
차분히 들려오는 음악처럼
낮은 물소리로 내려가며
당신과 만나고 싶은 기도가 있습니다

사랑할 수 있었다는 것만으로도

기적입니다
계산하고 계획하지 않아도
그저 떠올리고 꿈꾸며 살아왔을 뿐인데
너무 아파서 불러보았을 뿐인데
이름으로 얼굴로 나타난 사랑이기에

넓은 세상 바람을 거슬러
먼 반대편에서 동일한 꿈으로 살아온
목마른 당신과 나
굳이 생각을 맞추지 않아도
사랑할 수 있었다는 것만으로도
심장이 터질 것만 같습니다

현실이야 아무려면 어떻습니까
밤보다 낮이 더 어두운 시대 속에서도
차마 옷을 다 벗지 못해
서로 어쩔 수 없이
정해진 귀가歸家를 재촉하며
짧은 입맞춤 깊은 포옹만으로도
새날 새 약속 같은 삶을 사는 것입니다

우리가 남겨놓은 그리움의 몫은
다시 꿈꾸는 자의 것이 될 때
인생은 한번 태어나
두 번 사는 기쁨을 누리게 됩니다

8월에 내리는 비

세상의
모든 그리움이 눈물처럼 내린다
연 삼일 이름없는 거리를
벌겋게 달아오른 불면증이
우체통 옆에서
밤낮을 젖어 새우며
타오르다 멈춘 숯덩이,
속 가슴을 뒤져
그을린 종이 위에 편지를 쓴다
숲으로
강으로
숨어들었던 연인들
아직은 돌아오질 않는데
아무리 가까워도
입맞춤할 수 없는 그대와 나
마지막 여름의 평행선에 발을 뻗고
잠꼬대하듯 서로 이름을 부르면
8월에 내리는 빗물보다
더 많이 흐르며
나를 적시는 그대

그대가 보고 싶다

다정도 병이라더니
오늘은 그대가 보고 싶다
아주 많이,
가까울수록 아픈 그리움
멀리 있을수록 보고픈 그리움
몸은 하나인데
마음은 두루 바람을 타고
안부보다 먼저 손부터 잡는다
괜찮으냐고
어디 아픈 데는 없느냐고
그리워한다는 것은
때로 사랑에서 시작되는
남모를 아픔인 게야
주고받는 사랑도
혼자 깊어지면 섭섭해져
왠지 미안하게
미워질 때가 가끔 있어
가슴으로 울어본 사람은
알지, 알고 있지

4월의 연가

들어라
들어보아라
첩첩산중에 겹겹 문을 닫은 장애 인생들아
외로움에 부들부들 치를 떨며
세상이 매정하게 버렸다고 여겨온
미아 같은 그대 몸에 신경통으로 피어나는
4월의 소리를 들어라
아직도 숨이 붙어 있다면
듣고 바라볼 수 있는 삶은 아름답지 않은가
벙어리 뇌성마비 절름발이 사지가 절단된
눕고 일어선 자 그 모습 그대로 4월의 소리를
들어라, 들어보아라
빈들에 피어난 이름 없는 꽃송이 하나라도
작은 바람에도 흔들리며
대답할 줄 아는 생명이며 사랑이나니
막춤처럼 외로이 뒤틀리는 장애의 춤은 춤이 아닌가
살아간다는 일은 춤과 노래이거늘
누가 4월을 잔인하다 작명만 해놓고
모두 강 건너 불구경하듯 비만의 행복을 꿈꾸는가
느껴라, 가슴으로 느껴라
이 땅의 모든 장애 인생들아
일그러지고 넘어져 신음이 깊을수록

영혼에 피는 꽃은 더욱 아름답나니
일어나라
깨어나라
엉금엉금 기어서라도 4월의 숲을 지나
하늘이 약속한 우리만의 하늘로 가자
꽃향기만 가지고 가자

가을의 詩

누가 다녀갔나 보다
바람의 끝을 잡고
누운 풀들이 일어서고 있다

서로 사랑해야만 갈 수 있는
저 가을의 門
누구이기에
저 많은 나무에 불을 켜놓았나

정해진 길이 아니면
만남도 떠남도 없으리라
누가 앞서 지나갔나
소리 없이 잎이 지고 있다

가을이 끝나는 길은
그 누구도 모르네
침묵의 소리 가득한 숲에서
시방 내 몸은 불덩이다

너에게로 가겠다

이대로 상처 많은 세월 데리고 너에게로 가겠다
원망 없이 가꾸던 수만 송이 꽃도 내려놓고
그중에서 제일 예쁜
너를 닮은 꽃 한 송이 손에 들고 너에게로 가겠다

꾸밈도 가식도 없이
흘러가는 냇물 따라가다 보면
가장 깊은 어둠 속에서 붉게 뜨는 햇살처럼
그대 사는 동네가 나오겠지
폭풍이 불고 신기루 속에 갇혀도
딱따구리처럼 쪼아대며 가리라

비 내린 후에
반드시 뜨는 무지개가 너의 얼굴이고
너의 약속이라는 걸 알고 있단다

더 울지 않아도 예쁘게 기다리고 있을 너
참 어려운 길을 왔노라고
비정한 세상 추억
날씬하게 빠져나온 이야기
한 송이 꽃 속에 숨기고서 너에게로 가겠다

에덴으로 가는 붉은 외로움

나의 외로움은 에덴에서 추방되던 날부터 시작된 몹쓸 병이었다
함께 추방된 여자와 결혼을 하고
외로워서 껴안았던 여자의 몸에서 자꾸 아이가 나왔다
정말 미워서 쫓아버린 게 아니라며
죽기까지 사랑한다는 걸 알려주기 위해서라며
해는 여전히 뒤에서 친절하게 사랑을 가르치고 있었지만
나를 앞질러 사랑을 비추던 노을 속에 붉은 밥을 지어먹는 동안에도
나는 한 번도 뒤를 돌아보거나 앞을 보지 못했다
해와 달도 오르고 내리다 보면 그렇게 되는 걸까
여자의 몸을 더듬어 올라갈수록 여자도 나도 작아지기 시작했지만
여자의 몸에서 나온 아이는 두 배 세 배로 커지면서
추방된 남자와 여자처럼 밖을 떠돌다가 유전된 외로운 눈 속에
물빛 같은 불빛 같은 소리로 어머니 아버지라고 부른다
그런 날에는 강이나 바다에서 얼음이 쩍쩍 갈라지거나
소금으로 철썩 때리듯이 심장이 쓰리고 아팠다

외로움이 없었다면 나는 여자의 몸에서 나오는 그 맑고 깊은
하늘의 소리를 듣지 못했을 것이다

외로움은 무엇을 채워가며 앞을 향해 길을 가는 것이 아니라
머리를 깊이 숙인 채 가슴으로 뒷걸음질치며
에덴의 동쪽으로 돌아가는 일과 같다
아무도 동행해주는 외로움 없어도 나는 혼자라도 돌아간다

가을비 내리는 오늘은

비가 내리고 있습니다
오늘은 왠지
당신이 보고 싶습니다

느낌이 통하는 그대와
단둘이 마주앉아
차분히 젖는 말을 하며
한 잔의 술을 나누고 싶습니다

과수원이 내려다보이는
주막에서
하루종일

빨간 사과에서 흘러내리는
물빛 같은 그대와
가을 단풍 사이에서
까닭 없이 설레고 싶습니다

가을비 내리는
오늘은

셋

꽃이 바람에게 전하는 말

언젠가 너를 사랑한 적이 있다

아마 그때는 내가 세상이 싫어서
여러 번 죽으려고 시도하고 있었을 때였다
그때마다 나는 살아나서
무엇이든 무조건 사랑하고 싶었다
솔직히 주는 사랑보다 받는 사랑을 원했는지도 모른다
너를 만난 사실만 보아도 그렇다
닮았다는 사연만 가지고 시작된 인연이
그리 오래가지 않았고
서로 받고만 싶었던 사랑임을 알았을 때
우리가 남긴 추억은 아픔이 많았다
우리가 서로 사랑을 받고 싶어한 그때가
어쩌면 가장 절실했던 인생의 기회였지만
오래 참고 오래 꿈꾸지 못했던 진실이
먼 훗날 이별 후에
괴로움과 상처 속에서 만난 하나님이었음을 알았을 때
우리는 이미 돌아갈 수 없는 강이 되고 말았다
너의 삶을 기도하면서도 내가 궁금한 사실은
나를 미워했던 그것으로 하여
진정 당신은 하나님의 사랑을 깨달았는지가
언제나 나를 눈물로 적시게 했다

헤어지지 않는 이별

너는 언제나
미리 시간을 정해놓고 오고 갔을 뿐이다
만나기도 전에
돌아가야 할 시간을 등에 지고 와야 하는 너에게

내가 손에 얹어줄 수 있는 것이라야 고작
나무에서 걸어나오는 계절뿐이지만
초조한 웃음으로 받아먹어야 했던
너의 쓰디쓴 약초 같은 사랑만 하겠느냐

내가 나약한 시인이라서
한 사람만을 사랑하지 못해 미안했다

그 후로 꿈에서 너를 몇 번 보았다
너처럼 초조히 돌아가야 할 시간을 등에 지고
만나는 행복은 아니지만
짧은 입맞춤도 없이 돌아서곤 하는 너에게
내가 손에 얹어줄 수 있는 기도는
사랑보다 깊은 침묵이다

정말 미안합니다

생각해보니
나도 모르게 너무 많은 말을 했습니다
왠지 나약한 모습을 보여주기 싫어서
어쩌다 말이 앞서게 되었습니다
진실은 나중에라도 드러나는 법이지만
요즘은 그게 잘 통하지 않더군요
불안하고 초조했다는 사실 밖엔
달리 드릴 말씀이 없습니다
세상은 말을 잘해야 천량 빚도 갚는데
천국은 말에 있지 않고
능력에 있다는 사실을 나중에 알고
부끄럽고 미안해서 한참을 울었습니다
만약 우리의 삶이 이생뿐이라면
나는 지금도 사람들에게
그저 먹고 마시자 했을 겁니다
인생은 착한 행위로 구원받는 것이 아니라
하나님이 주시는 은혜로 되는 일임을 알고
사랑하고 사랑받는 일조차
나는 미안했습니다

물단풍

보고 싶다
말을 할 수 없어
물단풍이 물속에서 지네

이제는 헤어지자고
산으로 가고
강으로 가네

사랑하는 이여
돌아앉아도
달은 그대처럼 오르내리네

얼마나 당신을 지워야
꿈도 사라지겠나

바람의 그림자만
달빛을 물고
물속으로 빠지네
물단풍으로 지네

어떤 오해

겨울 긴 긴 날
우람한 나무에 설익은 감 하나 달렸다

까치밥이라 말하지 않았는데
빛깔은 저리 붉어서
까치가 날아와 쪼아대다가 떫은지
퉤, 뱉고 간다

똑똑한 까치가 와서
한 입 파인 자국을 보고 사정없이 파먹는다
멀뚱멀뚱 고개를 갸웃하더니
아랍풍의 긴 트림을 하다 간다

두어 마리 더 다녀갔을까
골 빈 철모처럼 속이 휑한
감의 두피가 가지 끝에 하늘거리는데
아름드리나무만 근심을 내린 듯
바람 우우 비발디의 음악을 듣고 있다

우리에겐 참된 자유가 필요합니다

머리가 가슴을 향해 가슴이 머리를 향해
이제 필요 없으니 헤어지자 할 수 없어
나는 그만 미운 정이 쌓여 천식에 걸리고 말았습니다
목울대 사이로 오르내리는 이별의 징조가
생사의 갈림처럼이나 외로운 싸움이었다는 걸
쿨럭쿨럭 기침으로 대신해봅니다
혹시 그날 밤을 기억하시는지
당신의 브래지어 끈을 풀려는 순간
정말 사랑하느냐고 물으실 때
나도 모르게 오른손 마디가 저리고 있었습니다
밀려오는 허무를 가슴으로 극복해내던
그 멀고도 아득한 밤을 아시는지
혹시 그 후의 밤도 기억하시는지
차분히 일어나 옷 단추를 잠그며 지난달부터
생리가 멈췄다는 말을 듣는 순간
나는 갑자기 딸꾹질이 났습니다
술을 과음한 탓이라 변명했지만
사랑하면서도 배반의 쓴잔 같은 영과 육이
피 흘리며 신음하는 머리와 가슴과의 전쟁은
삶의 끝날까지 이어지겠지만
당신과 나의 인연만큼이나 아프도록 용서해야만
얻어질 수 있는 참된 자유가 우리에겐 필요합니다

당신의 미소

아무리 당신을 미워하고 싶어도
만나기만 하면 웃는 당신
미워하면 할수록
아무것도 모르는 듯
예쁘게 미소만 짓는 당신
길을 돌아가도 마주치는 당신만 보면
나는 자꾸 작아져 부끄러워집니다
오래 알고 있었든 없었든
중요하지 않습니다
말없이 건네주는 당신의 미소가
미움으로 채워진 내 마음을
아프게 찔러옵니다
기회가 오면 풀어야지 하면서도
오랜 망설임의 시간이 흐르고
어느 날
전혀 예상하지 못했던 그곳에서
또다시 마주쳐버린
당신의 미소 앞에
그만 나도 모르게 웃고 말았습니다

옛사랑이었다

옛사랑이었다
안개 무늬의 세월 속에서
사랑을 옷처럼 걸치고 있었다
나는 자꾸 희미해져 눈시울만 뜨거운데
아무리 먼 길을 걸어도
나보다 먼저 와 기다리다 떠나곤 했다
아침 햇살처럼
가끔 까치소리를 내다가
창을 열면 바람소리로 바뀌는데
오늘
내가 깊은 사랑에 빠져 있으면
잠시 훔쳐보다 간다

아름다운 후회

사람의 눈빛이 너무 밝아도 바람기가 있어요
사람의 눈빛이 너무 젖어도 바람기가 있어요

이른 계절이나 늦은 저녁
우리가 술잔을 비우고 있는 사이,
혹시 유리창에 서성이던
한 사람의 그림자를 보았습니까
바람에 잠시 흔들리다 사라졌지만

지난 예감을 추억해 보면, 우리 중에
누군가 멀리 자리를 이동하고 있음을 느꼈어요
사랑을 이야기하기 전에, 왜 우리 인생은
멀리 있을수록 얼굴이 선명해지는 걸까요

그대와 마주 바라볼 때에
많이 따뜻하지 못했던 나의 손이
바람 같고 그림자 가득한 인생 속에
그대에게 미안하고 나에게도 미안한 시간,
밤하늘에 달은 없고
구름 속에서 그대 이야기만 환하게 들려옵니다

형장으로 가는 화타에게 편지를 쓴다

화타야,
백만 대군을 호령하던 조조의 골을 꺼내 보지도 못하고
처방전만 입에 물고 너는 형장으로 가는구나
병자보다 신의神醫가 먼저 처형되는 환장할
역사와 시대의 노을 속으로 복사꽃이 진다
쥐꼬리만 한 기초수급으로 이어가는 인턴의 내 삶에
오늘도 거머쥔 메스의 날 끝에서 우울증이 도진다

가을 겨울 사이에 비는 내리고
수술을 미루며 병의 뿌리를 찾아 낙엽 더미를 들추던 나는
살 냄새 피 냄새 따스한 풍만한
여인의 젖가슴 같은 늦가을 단풍을 매만지다 잠이 드는데
별이 스치듯 허공에 솟구치는 너의 목을 보고
세상 강자들의 두통이 서슬 퍼런 바벨탑의 불이란 걸 알았다

믿는 자의 몸에 들어가 구원하겠다는
예수의 약속보다 넘쳐나는 이 땅에, 왕들의 비만은
백성의 등골에서 나오는 한숨을
두루 생식生食 화식火食했기 때문 아닌가

화타야,
나는 서울 상경을 아무래도 앞당겨야 할 것 같구나

충신은 없고 온통 왕王 뿐인,
지방의 벤치에서 노숙의 칼을 숫돌에다 갈며
아, 왜이리 눈물이 나는 것이냐

겨울은 백만대군의 말발굽처럼 새까맣게 몰려오는데
언제 저 많은 왕王의 골을 꺼내 오장육부를 들어내어
창자를 한 줄로 이어가며 민초의 한숨과 봉합수술할 수 있겠느냐

내가 어디 산 좋고 물 좋은 밭고랑 깊은
수많은 여인네와 결혼을 해서라도 화, 화, 타, 타,
너를 낳아야만 하겠느냐
나의 시퍼런 정자가 강물처럼 눈물의 기도로 흘렀으면 좋겠다

그래서 슬프다는 것이다

내일 일어날 일도 모르면서
다 아는 듯이 오늘을 살아가는
목이 곧은 우리가 슬프다는 것이다

하늘 아래 살면서도
지식의 바벨탑을 쌓아가며
한계에 도전하는 삶이 슬프다는 것이다

조금만 눈을 내리면
툭툭 발길에 채는 헐벗은 신음 소리
우리의 자식들은
하나 둘 어둠에 끌려가는데
이대로 포기할 수 없는
너와 나의 완벽한 자존심이 슬프다는 것이다

알고 나서 무릎 꿇는 지식보다
아는 것으로 배를 채우며 군림하려는
욕망과 이승의 100년
한판 승부에 올인하는
우리가 슬프다는 것이다

교만의 매음굴에서 유산된 피가 흐르고
땅에서 생산된 지식으로 인해 결국
영혼은 멸망할 것이다
아쉬운 작별인 듯, 모두가 모두에게 불쌍한
깨달음이 없어
오늘 하루 옷깃을 스치는 바람에도
등골을 파고드는 슬픔이 있다는 것이다

나는 삶이 어두워질 때마다 너를 안았다

고백하건대
나는 아직 한 번도 내 삶이 바로 서 본 적이 없었다
온 삭신이 쑤셔대다가
별로 먹은 것 없이 변비가 거듭되는 날이면
혼자 끙, 용을 쓰다 겨우 찔끔 떨어뜨리는,
암탉이 사흘 만에 알을 낳고는
제풀에 놀라 푸드덕 달아나듯
언제나 나는 나에게 미안한 삶이었다
어제만 해도 괜찮았어
하나 둘 내 몸에도 바로 서지 못하는 기운이 나타나고
그것이 때로 눈물 나도록 서러운 사랑인 거야
할 일은 태산 같은데
괜찮아요, 육신은 어차피 썩고 말겠지만
우리 영혼만 가지고 가도록 해요
그대 차분히 일러주는 이야기를 들으며
나는 삶이 어두워질 때마다 너를 안았다
세상도 깊은 잠에 빠진 자리에서 찾아오는 외로움 속에
이 설렘을 무엇으로 이름하겠는가

당신과 눈빛을 마주하면

당신과 눈빛을 마주하면
아주 오래전부터 살아왔던 깊은 산
전설의 고향 같아요
안개 자욱한 별빛 사이로 아기 울음 같은 여우소리
한여름 소쩍새 사무치는 대숲에
땀 젖은 저고리 훌렁 던져 놓고
아궁이 매캐한 연기 눈 비비며
고봉의 감자보리밥 먹다
느슨한 삼베저고리 끈 사이로 당신
봉곳한 가슴에 눈 멈추면
그만 엎질러진 밥상 뒤로
빨려 들어가듯 한 몸이 되고 말아
사계절이 하룻밤 새 지나가듯 천 년에 피는 꽃처럼
숨이 멎은 채 눈빛 언어로만 살아온 거 같아요
문득 들킨 듯 제자리로 돌아와
무안스레 고개 돌려 밖을 보아도
유리창에 어른거리는 그림자마저
당신의 미소로 물들여져
혼자만의 꿈이라 하기엔
돌이킬 수 없이 빠져드는 눈빛
방울방울 물빛뿐인데

꽃이 바람에게 전하는 말

고요한 기다림으로 살아야 만날 수 있다는 걸 말이지
이제는 말할 수 있어
너를 기다리는 동안 나는 꽃피었다는 걸 말이지

이대로 꽃으로만 있기 싫어
그저 이름 없는 땅이라도 좋으니
작은 열매가 되고파
얼마나 많은 내가 죽어야 했는지
너는 알고 있니?

사랑은
아프지 않아도 눈물이 난다는 걸 말이지
이제는 말할 수 있어
너는 오지 않아도 내 속에 이는 바람은 어쩌지 못해

하지만 열매가 되기 전에 만나고 싶다
어둠이 땅을 삼키고
이미 죽었던 내가 다시 허공 속에서 죽을지라도
하늘이 정한 일을 피할 수 있겠니?

가난한 사랑 노래

막다른 길목에서도 당신을 만나지 못한다면
살아온 그리움을
그리움이라 여기지 않을 테요

종이배를 타고서도
터지도록 노를 저었던 생애
박제된 일몰이 치열하게 내리고
피 흘리던 내 사랑은 갇힐수록 소리만 고와지는데

가뭄에 물을 모으던 농부의 아내들은
월경을 지우고 어디로 갔는가
가난뿐인 부자나라
소금을 베고 파도 속에 잠들어도
당신 없는 꿈에 몽정의 아침 찬란하구나

막힌 길을 눈물로 어루만져야 열리는 하늘
식민지 농민의 아내들아
죽은 정자를 원망치 말고
그대들 낡은 밥상 위에 떨어뜨리고 간
가난한 소망의 기도를 추억하라

세상 모든 부자에게

내 몸이 비 한 방울 내리지 않는 사막이나 광야에서
평생을 두 발 달린 선인장으로 살다가
온몸에 가시를 두른 채 한 송이 꽃만 머리에 이고
세상 모든 부자에게 찾아가 부탁하고 싶습니다

당신의 영혼을 되찾아가는 주인이 오기 전에
사막이나 광야에서 굶주리고 신음하는
가난한 사람들을 도와주십시오 그들은 그들끼리
추운 몸을 서로 비비며 열을 나누고 삽니다

그동안 햇빛을 받으며 공짜로 들이마신 공기도
내 것이라 할 수 없는데
내 손에 가졌다 하여 내가 주인이라 주장합니까
가난한 자가 있으므로 부자가 되었지 않습니까

내가 머리에 이고 온 꽃은 하나님의 선물이오니
그래도 받을 수 없다 하시면
얼마나 많은 아픔으로 돋아난 내 몸의 가시로
당신을 사랑하며 끌어안고 울어야 하겠습니까

눈물이 있는 자는 복이 있다

사람에게 밝으나
남몰래 눈물짓는 사람은 복이 있다
존재가 불행해지는 것은
눈물이 말라가고 있기 때문이다
소유하지 못한 슬픔에서 오는 눈물은
눈물이 아니라 불火이다
상대를 태우기에 부족하여
자신마저 태워버리지 않는가
아름다운 사람아
나는 그대가 은밀한 눈물이라는 걸
영영 모르고 살지라도
삶이 존재하는 세상에서
사랑은 가까운 곳에든 먼 곳에든
꽃이나 숲이나 강이나 바다
수분이 있는 모든 곳에서
외로이 떠오르는 얼굴이 있다면
아직도 사랑은 시작되고 있으며
실망과 고통 속에 미래를 먼저 본다
눈물은 자신의 구원이며
이웃을 위한 기름이다

눈꽃

숲은 어둡고
나무는 밝다

보름달로 나온 나를
땅에 두고
어무이 젖은 눈썹달이
하늘에 뜬다

바스락바스락
짐승은 굴을 파는데
보름달로 떨어진 내 꿈은
하늘만 보네

내가 불쌍해서
떠나지 못하던
어무이 기도가
함박눈으로 내리고

숯검정 같은 숲에
나무마다
가지마다
눈꽃이 피네

미소

내 삶이
먼저 미소를 지어본 적은 없었다
적어도 너를 만나기 전에는

내가 깊은 잠에 빠지거나
고달픈 길을 걷고 있을 때

너에게서 받은 그 미소가
얼마나 미안하고
얼마나 고마운지

너를 만나기 전에는 까맣게 몰랐다
갚아주지 않아도 되는
엄청난 선물이라는 사실을

겨울로 가는 기차를 타기 전에

한번은 꼭 만나자고 했습니까
쓰던 편지를 찢고 새 옷을 꺼내 입겠습니다

꽃은 서둘러 피지 않고
잎은 서둘러 지지 않는 산목숨의 땅에서
유별나게 당신은 일찍 떠나가곤 했습니다

어둠이 가난처럼 드러누운 기차역에서
나는 천천히 추억을 밟고 갔습니다
세상의 꽃이란 꽃은 다 손에 거머쥐고
당신의 머리에서 발끝으로 지나갔습니다

단잠을 자고도 온몸이 아프거나
바람도 없는 대낮에 창문이 흔들리거든
바위처럼 굳어버린 내 그리움이
먼저 다녀갔다 생각하시기를

사랑은 이처럼
아픔을 통해 치유되는 기도임을 아시기를
겨울로 가는 기차를 타기 전에 말입니다

아파하는 그대에게

나도 그랬단다 참 많이도 아팠단다
내일 일을 몰라서
오늘 다 쏟아내지 않고는
견딜 수 없었던 아픔
열병의 긴 하루 사이로
불안한 설렘이 가슴치고
꿈 같은 만남을 노을 속에 기대며
죄 없이 이루어지는
사랑이 되게 해달라고
평생에 짊어질 인연의 땅에
한 사람이라도 함께
봄 여름 가을 겨울이 되는
행복한 아픔,
풍경 같은 추억을
면류관처럼 머리에 이고
펄펄 끓어오르는 기도 속에
나도 그랬단다 참 많이도 아팠단다

누구냐고 묻지 않겠습니다

열린 문을 통해 밝은 얼굴로 차분히 들어오는
당신을 누구냐고 묻지 않겠습니다
열려 있는 사람은 빛을 알아봅니다

훤히 열린 문을 보고도 몰래 담장을 넘어오는
당신을 누구냐고 묻지 않겠습니다
어두운 사람은 빛을 싫어합니다

사방으로 탁 트인 밝은 사람을 만나면
서로 준비된 그릇에다 사랑을 가득 부어 놓고
하늘에서 내려오는 이야기를 듣겠습니다

문을 통해 들어온 사람이나
담장을 넘어들어온 사람이나
굳이 누구냐고 물을 필요는 없지만

도적을 빠뜨릴 깊은 구렁 하나쯤은
뒷마당 한가운데 커다랗게 파놓고
두 눈 초롱초롱 뜨고 꽃을 피우며 살겠습니다

무궁화 열차

정해 놓은 열차를 놓치고
느리게 가는 열차를 타고 가는 날은
잃어버린 사랑을 찾아가는 시간과 같았다
미리 정해 둔 사람은 가고
아득한 거리의 속도로 밀려난 그림자만
차창 밖에서 야영을 하고 있는데
비슷하게 닮았다는 착각은
얼마나 아프도록 설레는 사랑인가
앞으로 달려갈수록 엇갈리는 인연 앞에
잠시 멈추는 역과 역 사이 이름만 불이 환한데
설령 너와 내가 뒷짐 가득
그림자로 스쳐 가는 세월이어도
언젠가는 풀어야 할 사랑을 위해
뒤쪽으로 밀려나며 사라지는 시간만큼
꼭 그만큼만 으스러지게
너를 껴안아 주고 싶을 뿐이다

아내의 망사 팬티

결혼 6주년 기념일에 부곡 하와이를 갔습니다
잠깐 화장실에 간다더니
30분이 지나 조수석 문을 여는 아내의 손에는
작은 꽃 포장지 밖으로 무수히 나비가 날아다녔습니다
시큰둥 운전하는 나를 힐끔 쳐다보며 자꾸 웃었습니다

그믐달 속에서 목욕을 마치고 나온 아내가
커다란 타올을 벗어 내리고는
자기야, 나 어때?
아슬아슬한 망사 팬티 그물망 사이로
아내의 어두운 과거가 탁란의 물고기처럼 빠져나오는데
나는 안 그래야지 하면서도 부아가 치밀어 올랐습니다

왜 안 하던 짓을 하고 그래? 무슨 여자가 그리도 가벼워?
어린 자식들의 담장을 살금살금 넘어오며
싸늘히 돌아누운 내 척추뼈 마디를
하나하나 분홍 손톱으로 찔러댔지만
나는 귀찮은 듯이 단단히 여미다 잠들고 말았습니다

너무 오랜 세월 잠을 잤던 탓일까요
아침에 일어나보니 빨랫줄에 망사 팬티만 걸어놓고
아내는 자신의 먼 과거 속으로 떠나고 없었습니다

나는 잠이 든 채 아내를 떠났고
아내는 눈을 뜬 채 나를 떠났던 것인데
가끔 궁금해서 아내의 집도 아닌 내 집도 아닌
낯선 집에 찾아가보면
여전히 빨랫줄에는 마르지 않는 아내의 망사 팬티가 걸려 있고
꽃 포장지 밖으로 날아다니던 나비들이
동침하지 못하고 각자 잠들다 갑니다

서로 떠나고 나서야 사랑에 눈을 뜨기 시작했지만
나는 그 후 잠 못 이루도록 사무치게 사랑하는 법을 알았습니다
가끔은 세상 모든 아내가 밤에는 망사 팬티를 입었으면
참 좋겠다 생각해 보곤 합니다

넷

어깨를 빌려주는 여인

자살을 기도하는 자에게

하나님이 인생을 바라보는 눈은 귀천이 없지만
인생이 인생을 바라보는 눈빛은
슬프게도 너무 귀천을 논합니다
누가 세상을 움직이고 흘러가게 하는지
요즘은 날씨가 너무 안 좋습니다
하나님은 절대 그리하실 분이 아닙니다
하늘을 바라보거나 하늘의 소리에
귀 기울이지 않으려 하는 것만 보아도
사람이 제멋대로 하는 것만 보아도
마지막 때가 가까워 오고 있음이지요
삶과 죽음은 하나라고요?
어느 철학자 어느 도인이 씨를 뿌렸는지
애매모호한 유식은 유행 색이 짙어서 안타깝습니다
삶과 죽음이 진정 같을 수 있습니까?
떠나는 길이 진정 같을 수 있습니까?
태어남이 사람의 선택권이 아닌데
죽음을 선택할 권한이 사람에게 있습니까
내가 창조주라 하여도 기분 나쁘겠습니다
보이지 않는 일이라고
함부로 판단하고 결정해서야 되겠습니까
슬프게도 사람만 그렇게 합니다

바람처럼 오가는 섭섭한 관계

내가 힘들고 괴로울 때
살다 보면 그럴 수 있는 거야
돌아보면 더한 나락의 사람도 많아

내가 병들어 누웠을 때
나도 아파 본 적 있어 잘 알아
나처럼 누구처럼 그렇게 해봐

해결의 열쇠인 듯
너무 쉽게 말하지 않았으면 좋겠어
같으면서 다르고
닮았어도 아닌 것이 삶이고 인생이지

내가 너일 수 없고
네가 나일 수 없는
쓸쓸한 복제의 무대에서
잠시의 만남을 위해 영원을 투자하는
자기 몫의 길은
혼자라서 더 깊고 멀기만 한데

사람 사이 정이란 게
사람 사이 사랑은 또

제 살을 물어뜯는 버릇이어서
바람처럼 오가는 섭섭한 관계지

다만 세상에서는 그렇다

하늘을 생각하는 사람은 멍청해지기 쉽고
천국을 바라보는 사람은 바보가 되기 쉽다

세상 지식으로 영성을 얻는다는 것은
바벨탑으로 하늘에 오르는 일과 같다

똑똑한 사람이 천국으로 올라가는 것이 아니라
순진한 사람에게 천국은 내려오는 것이다

지식으로 자기를 높이고 삶을 자랑하는 자와
멍청한 바보라서 긍휼을 바라는 자 중에
천국은 누구를 선택하겠는가

세상을 탐하는 자는 땅에서 다 누린 것이다

2월

누명이라도 덮어 썼던 것일까
한꺼번에 빚을 탕감받고 감옥을 나서는
닭울음 같은 사내였는지도 모른다

춥고 외로웠다며
여자와 맨살을 비비며 간음했으나
정말 사랑해버린 미워할 수도 없는
사내였는지도 모른다

뒷머리 긁적이며 배웅하는 민주주의 나라가
둘러대듯이 선물로 안겨준
여러 겹의 옷 때문이었을까
해방되었으니 떨지 말라고 따뜻하라고

다시는 보지 말자 멀리 떠나라
등을 자꾸 떠밀어도
엉거주춤 세운 몸이 영락없는 불모지다

저만치 꽃다발 대신 생두부를 손에 든
즈그 마누라가 마음에 안 드는지
대문을 나서는 사내 발걸음이 느리다

2월 어느 날

쌀쌀하다
쌀쌀하다
아직은 그대여
나는 춥기만 하다

매화에 몰아치는
바람으로 와서
만나자고
만나자고
아직은 노래하지 말아다오

땅에서 맺은 약속이
이리도 아픈 줄은 몰랐다
그대가 꽃처럼 흔들어도
아직은 아니라네

허전하다
허전하다
아직은 그대여
나는 눈속에 있네

진실로 진실로 이르노니

그대가 보고 있는
모든 것에는 소리가 있다
태초에 말씀이 임하여 있으라! 명하였으므로
천지만물 안에 소리가 심어진 것인데

때 아닌 소리를 내며
참된 소리를 사칭하는 기운도 무수히 많으나
사랑을 사랑으로 품고 사는 자만이
소리의 선악을 분별할 수가 있으니

설령 그대가 높고 빛나는 자리에 이를지라도
진실로 하지 않는 모든 사랑은 헛되고 헛되니
헛된 소리를 참된 소리로 여기며
취한듯이 따라가느니라

꽃상여

나 어릴 적에
꽃상여 나가는 소리가 참 좋았네
이승에서 못다 핀 꽃이라도
슬픈 한으로 남겨두지 말아라
개나리 진달래
보리밭 논두렁
등 굽은 언덕길도 어허이 어허이
이제 가면 언제 오나 노래하면
긴 한숨으로 허리가 펴지던 길이었네
떠나는 사람보다
보내는 사람이 더 울어주던 노래
옛날 집 대문 앞을 차마 서성이면
종다리 뻐꾸기도 숨어서 보았네
그러다가 그러다가
상여가 움직이지 않으면
망자가 원하던 것을 주기만 하면
새털처럼 가볍게 떠나곤 했네
삼베저고리 소맷귀로 눈물 훔치던
엄마의 치맛자락을 붙잡고
어리고 순했던 나는
엄마도 나를 두고 떠날까
손에 땀이 나도록 올려다 보았네

영원히 떠나지 않으리라 약속하는
우리 엄마 동백기름 검은 머릿결이
유난히도 반짝이던 오후
어허야 어허야 푸른 하늘
두둥실 흰 구름 흘러가던
맑은 날이었네

안단테 안단테

너무 좋아서
너무 기뻐서
들고 뛰다가 쏟아버린 것이 많았다
영혼에 소중한 걸 얻어도 그러한데

오로지 먹고살기 위해
바쁘게 뛰어야 할 일과
목숨 걸어야 할 일이
몇 가지나 있을까 세어보니
땅에서는 없구나

빨리 움직여야 얻을 수 있고
높이 올라야 보이는 것은
아니라고
아니라고, 겨우 알게 되는데
다행히 반세기가 걸렸다

내려갈수록
더 잘 보이는 길이 너무 신기해서
나는 오늘도 천천히 걷는다

정말 이해할 수 없어요

나는 사랑하고 싶은데
나는 자꾸 사랑한다고 말하고 싶은데
잔뼈가 굵은 시인들은 무엇이 그리도 싱거운지
사랑이니 그리움이니 당신이니
그런 詩는 쓰지 말라고 하네요
속으로 사탄인가 했어요
그들이 먹는 음식에는 소금을 많이 넣는가 봐요
거리에는 사랑이 메말라 죽을 지경인데
시집 하나 팔리지 않는 21세기 뒷골목에서
인사를 나누듯이 시인들끼리 책을 주고받다가
그래도 방 안에 수북이 책이 쌓이면
안 먹어도 배가 부른 듯 헛기침을 하는데요
골머리 아픈 말을 왜 만드는지 모르겠어요
어려운 말을 잘해야 이름이 높아지나 봅니다
그런 사람들이 질투심은 더 강하더군요
사랑하는 나의 벗들이여
우리끼리는 서로 편안히 말하고
가슴으로 드나들며 詩를 씁시다
나중에 책이 팔리면 그 돈으로 여행을 갑시다
먼저 김소월에게 물 한 잔 얻어 마신 뒤에
아마존의 밀림을 헤쳐나가 솔로몬의 침실을
몰래 엿보고 돌아옵시다

섹스를 하면 生과 死가 보인다

찾아 헤매는 섹스는 할수록 병이 깊어지고
변명할 일은 많으나 중독의 감옥이다
가만히 그 속을 들어가 본즉
천하 만유가 섹스 아닌 것이 하나 없고
순리 순응의 빛깔이요 조화라
위아래 뒤섞이며 땀 흘려도 인생의 섹스는
음악이 없으므로 어찌 이리도 배만 고픈가
한 모금의 생수를 얻기 위해
수없이 다다른 정상에서 죽어가던 오르가즘
올라간 높이만큼 멈추고
서로 호흡을 마시며
천천히 내려오는 법을 알았더라면
박동과 세포의 율동 속에 연주되는
생명의 소리를 들었으리라
섹스는 주는 것도 받는 것도 아닌
하룻밤을 영원인 듯 혼신을 다하는 꿈이다
누가 힘으로 시간으로 단정해버리고
훌훌 벗은 옷가지를
사랑의 이름으로 주섬주섬 입고 나가는가

봄에 내리는 눈

물이 꽁꽁 얼어도
물이 사라지고 말겠니
꽃이 꽁꽁 얼어도
향기마저 소멸하겠니

참 춥다
참 아프다
이름 하나 가진 생명이
견디며 사는 것이
사랑일지니

눈 속에 묻힌 봄이여
빛깔도 선명한
비장한 기도가 되어
두 손 가득
얼음으로 불을 피우고
있다

저녁노을과 포도주

여름 호숫가에 노을이 퍼져갈 때 우연히 만났지
피부가 하얗고 눈빛이 맑은 여자였어

나는 삶이 피곤하여 호수를 찾는다 했으나
너는 저녁노을이 하도 예뻐
사계절 내내 호수에 나온다고 했지
그래서일까, 너의 얼굴은 노을을 닮아 있었어

나는 잊어버리기 위해 독한 술을 마신다고 했으나
너는 그리움 때문에 붉은 포도주를 마신다고 했지
얼굴을 붉히며 수줍어할 때
너의 눈이 젖고 있다는 걸 알았어

너에게서
내가 모르고 살았던 사계절의 이야기를 들었어
호숫가에 낙엽이 다 쌓이고 나면
떠나간 사랑이 첫눈처럼 내린다고

아지랑이처럼 아른거리는 너의 젖은 그리움 앞에
잊기 위해 살아야 하는 내 삶이 부끄러웠어
너의 잔에
가득 채워진 포도주를 마시고나서야 알았지

꿈을 꾸고 있는 것일까
너의 포도주는 붉은색이 아니라
저녁노을 때문에 변했다는 것을
그때 처음 알았지
너는 포도주에 노을을 섞어 마신다는 것을

눈 내리고 비 내리고

하늘에서 눈이 내리며
조용히 이야기합니다
땅도 하얗게
사람도 하얗게
눈처럼 하얘지라고

어두운 욕심도
더러운 마음도
내가 다 가져갈 테니
세상 마음 하얘지라고

하늘에서 비가 내리며
차분히 이야기합니다
땅도 촉촉이
사람도 촉촉이
물처럼 흘러가라고

메마른 사랑도
불타는 욕망도
내가 다 가져갈 테니
세상 마음 촉촉하라고

눈 내리고 비 내리고
우리에게 이야기합니다
서로 사랑하라고
서로 용서하라고

가면 가는 대로 오면 오는 대로

한 번도 마음 편히 보낸 적 없었으니
가면 가는 대로
이제는 그리 살아볼 일이다

떠나가지 않는 것은 하나도 없나니
멀리 구름 한 조각 밀려가듯
가물가물 손 흔들어 줄 일이다

한 번도 목숨 다해 사랑하지 못했으니
오면 오는 대로
이제는 후회 없이 살아볼 일이다

천하에 사랑만큼 선한 것은 없나니
내게 스며드는 인연을 사랑하라
가는 것도 사랑이고
오는 것도 사랑이다

그대여,
가면 가는 대로
오면 오는 대로
이제는 그리 살아볼 일이다

사랑합니다 사랑합니다

누구를 만나고 갈 때는 한결같이
"사랑합니다" 인사하는 사람이 있었습니다
다른 사람들을 향해 그리할 때는
그저 그러려니 했는데
나에게도 와서 "사랑합니다"

참 기분이 묘했습니다
"사랑해요" 소리로 살짝 바꾸어 보았더니
내 심장의 피가 수만 근심의 혈관을 따라
시원한 냇물처럼 흐르고 있었습니다

그런 사람이 한동안 나타나지 않다가
다시 왔을 때 "사랑합니다" 음성은
훨씬 더 맑고 평화로웠습니다
사랑하는 마음을 다 주고 나면
다시 사랑이 충천 될 때까지
깊은 기도로 침묵한다고 하더군요

나중에 알았지만 그 사람은 영혼의 양식을 선물하듯
"사랑합니다" 축복한다는 사실을 말이지요
그 사람 속에는
하나님이 살고 있다는 사실을 말이지요

그래도 사랑해야 합니다

사랑은 인생을
선하게 이끌어 주는 힘이 있습니다
지식과 생각으로 가지려 하지 마십시오
호흡을 하듯이
맥박이 뛰듯이
그냥 살아 있는 그대로 사랑하면 됩니다

어제는 사랑했고
오늘은 미워하고
내일은 사랑하리라 한다면
당신은 진정 사랑과는 멀어져 있습니다

몸은 떠나도 마음은 떠나지 마십시오
설령 누가 매질하고 내어 쫓아도
눈물에 어리는 별처럼 바라보며
사랑하는 마음만은 남겨 두어야 합니다

멀리 지구의 벼랑 끝에서
누군가 절망으로 몸부림칠 때
당신의 사랑만은 기억나게 해줘야 합니다

하나님의 마음을 가장 약하게 만드는 것은
사랑의 눈물입니다
사랑으로 상처가 깊어지는 것을
감사히 여기며 기뻐하십시오
당신은 이미 축복받은 사람입니다

너무 힘들고 고통스럽습니까
그래도 사랑해야 합니다
당신의 사랑은 결코 작지 않습니다
어쩌면 하나님은 당신 하나를 봐서라도
세상 종말을 미루고 있는지도 모릅니다

그리스도의 이름으로

나는 태어날 때 두 사람으로 태어났다
그 사실을 나중에 알았다
나는 언제 어디서나 둘이었고
하나는 밖에서 살았고
하나는 안에서 살았다
안에 있는 그는 너무나 작았고
밖에 있는 나는 너무나 컸었다
우리는 자주 싸웠다
언제나 내가 이겼다
내가 땅 위를 걸어가며 황금을 찾고 있을 때
그는 하늘을 날아다니며 살았다
돌아올 때마다 그에게서 새의 깃털이 하나씩 돋았다
밥을 먹지 않고도 살아가는 것이 신기했다
세월이 갈수록 우리의 싸움은 치열했다
그에게서 새의 깃털이 많아질수록
나는 작아지고 그는 점점 커지기 시작했다
나는 주먹으로 싸웠고
그는 언제나 '사랑'이라는 무기를 사용했다
내가 사랑했던 여자의 이름은 '세상'이었는데
수머니에 든 황금이 바짝 줄어들자
여자는 다른 놈과 눈이 맞아 도망을 갔다
그날은 더 화가 나서 우리는 대판 싸웠다

빈 들판에 주저앉아 술을 마시다가
나는 그에게 눈물을 흘리며 말을 했다
이제 나는 너보다 작아져 이길 힘이 없어
잘못했다
미안하다
너는 분명히 '나'인데 너의 이름을 모르겠구나
그가 나보다 더 크게 울면서 대답하기를
바로 내 '영혼'이라고 했다
이제 그를 내 안에 두기에는 너무 커졌고
나는 아주 작아졌으니
내일 아침이 되면
나는 사라지고 영혼만 남아
한 마리 새가 되어 하늘 높이 떠오를 것이다
그리스도의 이름으로

용서하며 사랑하며

남을 불쌍히 여기는 자는 하늘로부터
불쌍히 여김을 받는다는 말씀이 있습니다
예전엔 모르고 살았습니다

남이 나를 미워하니 나도 미웠고
남이 나를 때리니까 때렸습니다
이런 일이 반복되다 보니
내 삶은 메말라져 갔고 지쳤습니다

온통 미운 그 사람으로 가득 차 있었습니다
어차피 한 번 그리된 거 끝까지 가보자
고집을 피울수록
내 심장은 칼로 찌르는 듯이 아프고
괴로워서 견딜 수 없었습니다
사랑하고 용서할 수밖에 없었습니다

내가 선善한 사람이어서가 아니라
다만 누구보다 못났고 부족하다는 사실을
마음 깊이 알았기 때문입니다

갑자기 내가 불쌍한 생각이 들면서
남을 불쌍히 여기는 마음이 되었고

도저히 사랑하지 않고는
단 하루도 견딜 수 없게 되고 말았습니다

악순환의 고리는
빨리 끊어내야 하루가 백 년 같습니다

어깨를 빌려주는 여인

시와 그리움이 흐르는 마을 어디쯤
사계절과 만나러 가는 날이면
말없이 어깨를 빌려주는 여인
한 개의 지팡이로도 자꾸 기울어지는
내 삶의 무게가 그녀로선
이루지 못한 사랑의 풍경처럼 느껴지나 봐요
마을 사람들은 지나가며
특별한 사이라 수군수군 소문이 일었지만
부정도 아니 하고
긍정도 아니 하는
그녀 시선이 오래도록 내게 머무는 날에는
나는 눈이 맑아져 수백 리 산속에
한그루 나무를 보곤 하지만
사실은 세상에서 가장 작은 겨자씨를 보는 거지요
믿음이 없으면 불행으로 끝나버릴
세상을 사랑을 젖은 눈빛의 기도로 바라봅니다
가끔 끝없이 여행을 떠나고 싶다는
그녀 우울한 가을과 헤어져
심장에 별을 남아 돌아오는 시간이면
내 왼손의 손금 사이로 음악의 강이 흐르고
말갛게 꽃물 진 가을 숲에
불을 먹고 내리는 이야기가 그녀 어깨처럼

가냘프나 먼 곳까지 들려오는
선명한 詩가 되어

우물 안 개구리라고 비웃지 마라

우물 안 개구리처럼 산다고 비웃지 마라
사실은 한평생 땅을 누비다가
겨우 찾아온 곳이 우물 안이다
인생이 넓은 자리에 있다고 다 내 것이며
높은 자리에 머문다고 다 큰사람이겠느냐
이리 치고 저리 치는 세상에서
서로 네 것 내 것 차지하느라 바쁜 세월에
아름다움을 보고도 집중하지 못해
흩어지고 놓쳐버린 진실이 하도 많아서
나 이제 기도하는 마음으로
평화를 구하고자 마르지 않는 우물에 들었으니
젖은 눈으로 바라보면
낮이나 밤이나 온 우주가 스며들어 오니
너의 세상은 보고 듣지 않아도 훤히 안다
내가 먼저 버리고 비워져야만
모르고 살아가는 너를 위해 슬퍼할 수 있음도
가끔은 우물 밖으로 외출하듯이 나가
인생의 외로운 눈빛이라도 들여다보게 되면
가슴 깊이 보듬어 줄 수 있는 사랑이
내가 사는 우물 안에는 가득하기 때문이다

우리 사랑해요

이제는 우리 사랑해요
한 끼 밥이야 덜 먹으면 어때요
들짐승도 그리 사는데 사람으로 태어났으니
사랑은 먹고 살아야 하지 않겠어요
모두가 사랑하지 못해
병들고 굶어 죽는 일은 있으나
사랑하다가 사랑하다가
굶어 죽었다는 소리는 듣지 못했어요
얼어 죽을 사랑이니
사랑이 밥 먹여 주느냐는 말에
이제는 우리 속고 살지 맙시다
낮에는 먹이를 찾더라도
내 영혼만은 밥을 위해 팔아넘기지 맙시다
밤에는 화려한 불빛을 쫓아가지 말고
우리 조용히 달빛 별빛을 따라갑시다
남자면 어떻고 여자면 어떤가요
다만 나는 당신이 여자였으면 좋겠어요
다만 나는 당신이 남자였으면 좋겠어요
남자일 수밖에 없으니
여자일 수밖에 없으니
모질고 독한 목숨 허무하게 떠나진 맙시다
우리 이제는 사랑해요

비요일에 처방전을 받아들고

가만히 앉아 있어도 쿡쿡 쑤시고 아플 수밖에
목 허리 다리 사연이 참 많군요
특히 오른쪽 고관절 물렁뼈가 지워지고 없네요
사진상으로는 왼쪽 소아마비 고관절이 더 정상입니다
삶의 무게를 한쪽으로만 지탱했군요
이 세상 장자들의 고단함이랄까 뭐 그런,

비가 내린다 허공을 향해 길게 한숨을 내뿜자
안개 젖은 도시야경 속에서 아버지가 손수레를 끌고
베어링이 빠져나가 삐걱거리는 바퀴 한쪽에
미래를 노래하며 집으로 돌아오고 있었다
수십 년 전 고인故人의 모습 그대로

이놈아,
니는 절대로 그라지 말거래이, 세상이 말세데이
이웃 최씨 고물장사해가미 지아들 판검사 올려놨더니
높은 양반들과 동행하다 길에서 마주치자
글쎄 즈그 아버지를 자기 집 머슴이라꼬 소개했다 안카나
비쳐도 단디 미쳤제, 쳐죽일놈!

걱정마세요 아버지,
이름 자랑하고 싶어 높아져만 가는 아파트

커져만 가는 별장
배불리 먹고 마시다
남은 장식으로 심어놓은 정원의 나무에도
소쩍새 울음이 들리고요
공사판 철근 가닥으로도 새들은
둥지를 짓고 알을 낳고 살아요

아버지의 손수레처럼
나도 한쪽으로 자꾸 삐걱거리는데 어쩌지요
부자가 가난한 자를 볼 수 없고
건강을 누리는 자가 신음하는 자의 소리를 듣지 못해요

세상을 보고 듣고 이야기할 줄 아는 나는
시인이라는 직업으로 삽니다
비가 참 많이도 오네요, 치매 요양원에 계시는 어머니
한평생 무거운 장삿짐 머리이고 살다
키가 눌려 고부러진 어머니, 꿈속에라도 한 번 만나주세요

사랑을 확인하다

세상이 어수선하고
사람이 하나 둘 멀어져 갈 때
나는 외롭습니다
무엇을 달라고 요구한 적도 없지만
나를 빼앗긴 듯이 억울해집니다
육신을 덮어쓰고 땅에서 사는 일이란
가끔 의심병이 도져서 쓸쓸합니다
하나님, 정말 나를 사랑하십니까?
사람아, 정말 나를 사랑하느냐?
입장을 바꾸어 물음을 던져 봅니다
가끔은 말이지요
하늘을 올려다보는 일도 싱거우면
나는 가장 높은 하늘로 올라갑니다
내가 하나님이 되어
가장 낮은 땅의 나를 바라봅니다
역시 변함없이 사랑하고 계십니다
아직도 철이 없어 어리기만 한
내가 불쌍하고 걱정스러워서
다른 건강한 이들보다 더 많이
나를 사랑하고 계셨습니다
갑자기 눈물이 났습니다

바람과 잠을 자다

바람을 붙잡은 적이 있다
바람을 안고 잠을 잔 적이 있다
혹시나 해서
바람을 철삿줄로 꽁꽁 묶어 두었다
아침에 일어나보니
철삿줄이 내 몸에 감겨 있었다
바람은 여전히
나를 지나가고 있었다
다시는 안 그러겠다고
줄을 풀어달라고 바람에게 부탁했다
바람이 지나갈 때마다
줄은 느슨해졌고
한 가닥씩 풀어지고 있었다
나도 모르게
바람이 되어가고 있다

다섯

기다리며 이루어지는 사랑

詩를 읽는 여자가 있었다

오랜 시간이 흘렀으니
서로 커튼을 걷어치우자고 했다
너무나 외로운 날이었다
몹시도 배고픈 날이었다
나는 여자에게 만나자고 했다
여자도 나에게 만나자고 했다
여자는 땅끝에서 올라오고
남자는 땅끝으로 내려갔다
그날은 바람도 잔잔했고
하늘이 가려진 숲 속이었다
밤에 한 번
낮에 한 번
여자와 나는 몇 번 잤었다
여자가 나랑 같이 살자고 했다
나는 당신 하나만을
사랑할 수 없노라 대답했다
여자가 울면서 까닭을 물었다
나는 세상에서
내가 사랑해야할 일들이
너무나 많다고 대답했다
그것이 詩라고 대답했다

어무이 아부지가 부르던 노래

정말 그때는 몰랐습니다
유년 시절을 보내고 성년의 나이를 훨 넘겨서도 몰랐습니다
어무이가 아궁이에 불을 때면서 밥을 짓거나
머리에 다라이를 이고 물건을 다 팔고
늦은 저녁에 돌아올 때쯤이면
부모를 기다리다 싸늘히 식은 겨울 방안에서
잠이 든 자식들을 위해
부엌에서 군불을 지펴가며 흐느끼듯 부르던 그때 그 노래를,

하루의 막노동을 끝내고
오늘은 또 누구에게 사기를 당했는지
술이 거나하게 취한 아부지가 분을 삭이지 못해
새벽이 깊어가도록 다시 술을 드시다가
태산 같은 어깨를 늘어뜨리며
설움과 한숨으로 토해내던 그 노래가
바로 아리랑이었다는 것을
내 나이 50에 어무이마저 보내고 나서야 알았습니다

어무이에, 아부지예, 사람들이 카는데
아리랑 노래 자꾸 부르마 갈수록 힘들고 가난해진다 캅디더
아이구 야이야, 니가 몰라서 그러치,
아리랑 저 고개 너머에는 세상이 모르는 찬란한

빛의 나라가 있는 기라,
노래를 부르미 넘어가야만 죽어서도 영원히 행복한
하늘나라에 들어갈 수가 있는 기라
니도 살민서 힘들고 서러울 때 있으마 함 불러보거래이,
아리랑 아리랑 아라리요

아리이라앙~ 아리이라앙~ 아라리이요오~
아리이라앙~ 고오개~ 고오개에르을~

나에게도 이미 성년의 나이를 넘긴 자식들이 있으나
어무이 아부지가 부르던 노래를 어찌 가르쳐야 할지
혼자 있는 시간이 되면 나도 모르게 눈물이 났습니다
산이 아무리 높아도 인생이 아무리 높아도
아리랑 노래만큼 깊어지겠습니까
어쩌면 그리스도 십자가 언덕 같은 저 고갯마루를 향해
나는 지금도 기도하듯이 찬송하듯이 아리랑을 부르며
굽이굽이 올라가고 있는지도 모르겠습니다
그러나 누구든 가슴 깊이 아리랑을 부르는 사람이 있다면
나와 더불어 세상을 살아가는 당신을 축복합니다
축복합니다

사랑하는 이가 물으신다면

혹시 사랑하는 이가
왜 한 발자국 물러나 있느냐고 물으신다면
당신을 진실로 사랑하기 위해
알맞은 거리를 두는 것이라 대답하십시오

그래도 어려운 말이라 모른다 하시면
나무와 꽃이 아름다운 것은
적당한 간격을 유지함이라 대답하십시오

그래도 꼭 붙어 있자 하시면
당신에 대한 그리움이 사라질까 걱정스럽습니다
은은한 향기는 멀리 간다고 대답하십시오

혹시 사랑하는 이가
오직 한 사람만을 사랑해 달라고 요구하신다면
세상에는 사랑해야 할 일이 너무나 많다고
정직하게 대답하십시오

그래도 섭섭하여 돌아선다면
당신을 더 많이 사랑하는 것은 사실입니다
그러나 우리 인생이
하나님보다 더 사랑할 수는 없는 법이라고

차분히 사랑하는 이의 마음을 달래주십시오

육신은 잠시뿐이나 사랑은 영원하다고
우리가 진정 사랑할 수 있음도
그분으로부터 공급받는 것이라 말하십시오

하나님이 울고 계시네

천지를 만드신 하나님이
내 안에서 울고 계시네
하늘 영광 다 버리고
더럽고 추한 내 안에서
울고 계시네

세월은 가고
나는 밖에서 그 소리를 들었네

천지를 만드신 하나님이
내 안에서 웃고 계시네
하늘 기쁨 다 버리고
잃어버린 자식을 찾았다며
웃고 계시네

어둠은 가고
나는 집에서 아버지와 만났네

하늘에서 땅에서
우리는 얼싸안고
크게 울고 크게 웃었네

어둠에서 빛으로

한동안 어둠이 나를 지배했다
아니다, 내가 어둠을 불러들였다
빛과 함께 걸어가고 있을 때
뒤에서 누가 나를 자꾸 불렀다
그 소리는 점점 커지기 시작했는데
산더미처럼 쌓인
나의 걱정 근심이었다
어둠은 나에게
도덕성과 죄책감을 요구하고 있었다
혼자 끌어안고 땀 흘리다
빛을 향해 집어던졌다
세상 짐 덩어리가 불타고 있었다
어둠이 물러가면서
더 큰 어둠을 데려오겠다며 이를 갈았다
빛은 다정하게 나를 일으키고는
웃으며 말했다
어둠은 소리만 요란하단다
나에게 맡기면 다 태워줄게
어떤 어둠이라도

하늘은 나의 편

자살을 몇 번이나 기도하고
저 자식 인간 되겠나,
세상 후렴으로 나부끼는
새벽 가로수를 술 취한 주먹으로 쥐어박으며
하늘을 향해 짐승처럼 울부짖을 때마다
꿈에서나 생시에서나 천사가 등을 두드려주며
걱정하지마, 우리는 너와 함께 해
고통이 너에게는 오직 유익한 삶이 되는 걸 어떡하니
잠든 숙취마다 천국과 지옥을 구경시켜 주었지만
싫어, 나도 멋지게 한번 살아보고 싶어
낮에 마신 술은 또 얼마나 독한지 똥물까지 토하며
하루는 성경 책을 내 던지고 복권을 긁다가 잠이 드는데
굶주린 사자 한 마리가
내 마누라 자식들을 차례로 삼켰어
식은땀을 흘리며
잘못했어요 제발,
닭똥 같은 눈물 덕지덕지 기도하다 잠들면
사방이 빛 가운데 음성뿐인 그 사람
하늘은 너의 편이란다
이 땅에서 겪는 너의 모든 고통이 약속된 천국이란다
어쩔 수 없는 사랑이란다
지금도 흔들리는 내 삶인데도

기억해 주세요

나도 몹시 아픈데
당신은 또 왜 그렇게 아픕니까
내가 건강만으로 산다면
하마터면
그 아픔을 모르고 지나갈 뻔했어요
나에게 힘은 없지만
우리는 모두 불쌍한 인생이니
내 손을 잡고 일어나 보세요
일어난 뒤에도 서 있다 생각 말아요
우리는 넘어지기 쉽습니다
나중에 혹시 주저앉은 나를 보시거든
내가 그러하였듯이
당신도 나를 좀 일으켜 주십시오
하늘 아래
상처 없는 사람은 없습니다

여름밤은 깊어가는데

나는 잠들지 않아도
그대가 보이지만
그대 꿈속에는
아직도 내가 있는가요

생살의 밤을 꼬집는
여 · 름 · 별 · 하 · 늘
수많은 물음표가 지나고
한여름 옷이 얇아 달구어진
사랑의 의심
그대 얼굴처럼 곱게 품어봅니다

길은 많아도
한길로 갈 수 있는 것은
그대 향한 사랑뿐

내 가슴에
그대를 모두 채우고 나면
나는 사라지고
그대만 남습니다

사랑이 익어갈 수 있는 것은
많은 집착이 아니라
작은 질투 하나면 충분하니까요

그대 잠든 새벽
나는 당신 몰래
가을 속으로 걸어갑니다

세례받는 당신을 위하여

성부와 성자와 성령의 이름으로 세례를 주노라
머리에서 물이 흘러내리는 순간 주르륵
두 눈 가득 눈물을 쏟아내는
순한 양 같은 당신의 뒷모습이 참 아름다웠습니다

세상 신랑과 헤어지고
예수 신랑과 결혼한 새 삶을 축복합니다
알고 계시는가요?
그날 당신의 과거는 이미 죽고
새로운 피조물로 태어났음을

물세례를 받은 후에 불세례가 내려오는 줄 알았는데
당신은 하늘로부터 먼저 불세례를 받고 나서
육신을 한 겹씩 태우고 태워가며
물세례를 받기 위한 준비를 하더군요

인생이 영성으로 거듭나지 않으면
어느 누구도 하늘나라에 들어갈 수 없습니다
사랑하는 이여, 이 세상 목숨이 다하는 날까지
날마다 죽고 날마다 태어나시기를
날마다 물과 불로 거듭나시기를
예수 그리스도의 이름으로 축복합니다

벚꽃이 눈처럼 내리고 있습니다

벚꽃이 눈처럼 내리고 있습니다
차분히 당신을 생각합니다
어떻게 사랑할 수 있었는지 꿈만 같습니다
혼자 문을 열어놓고
혼자 말을 했습니다
내가 할 수 있는 일은 그뿐이었습니다
당신도 그러했느냐고 묻자
전혀 아니라고 했습니다
다만 멀리서 들려오는 노랫소리에
점점 흔들렸다고 했습니다
무엇이든 좋은 것은
내 손에 쥐어주던 당신의 미소를 보고도
고작 내가 해줄 수 있는 말은
벚꽃이 눈처럼 내리고 있습니다
아무 생각도 이유도 없이
지는 꽃에 얼굴을 맞으며
어디서나 있는 당신 하나
기다리는 일이 그저 꿈만 같습니다

오래된 내가 나를 찾아온다면

다리를 몹시 절룩이며 우는 아이가
어른이 된 나에게 찾아온다면
두 손을 꼭 잡고 말해주겠어
나는 아직도 해맑은 너의 마음을 배우는 중이란다
누가 떠밀어 넘어졌니? 슬퍼하지 말아라
너의 눈물이 있었기에 내 영혼은 성장할 수 있었단다

열일곱 살 난 소년이 펄펄 끓는 신열을 앓으며
어른이 된 나에게 찾아온다면
나무 옆에 앉아 말해주겠어
나는 아직도 뜨거운 너의 그리움을 배우는 중이란다
누구를 그렇게 짝사랑했니? 아파하지 말아라
너의 진실이 있었기에 내 사랑은 깊어질 수 있었단다

세월의 강에서 상처 많은 얼굴이 걸어나와
어른이 된 나에게 찾아온다면
목을 끌어안고 말해주겠어
나는 아직도 너의 상처와 실패를 사랑하고 있단다
누가 너를 그렇게 때리고 내쫓았니? 실망하지 말아라
너의 아픔이 있었기에 하나님을 만날 수 있었단다

철없이 어리고 순해서
세상과는 맞지 않는 상처만 모두 데리고
나에게 오너라
나는 여전히 어른이기보다는 어린아이처럼
맑고 순진한 영혼으로 살다가 떠나고 싶으니까

하나님과 싸우던 날에

얌전하게 살기에는 세상은 너무 큽니다
세상으로 휩쓸려가지 않으려고
바위처럼 눕고
바위처럼 서고
바위처럼 기다렸지만
나는 내가 너무 많습니다
바위가 너무 많아도 탈이 나는 모양입니다
세상보다 더 큰 하나님은 이런 나를 내려다보며
하나도 없이 다 버리라고 합니다
가난해서 무엇하나 할 수 없는 나에게
오로지 버릴 것만을 요구하시다니요?
나는 하나님과 싸웠습니다
사람과 싸우면 괴로움만 쌓이지만
하나님과 싸우면 이상하게 눈물이 납니다
세상보다 크고
우주보다 넓은 하나님과 싸우는 것은
죽음보다 더한 외로움이었습니다
오늘도 바람은 내 몸을 관통하고 있는데
어찌하면 좋으냐고
어찌하면 좋으냐고

쓰러진 창녀를 일으키는 예수

당신, 왜 우두커니 서서 보고만 있는 거죠?
저런 년은 쳐죽여야 마땅해요
이글거리며 타오르는 아내가 내 손에 돌을 쥐어주는데
군중 앞에 반 죽음으로 쓰러진 여인은
어젯밤 나랑 함께 잠을 잤던 여인이 아닌가
내 손에 돌이 바람처럼 빠져나가고 있었다
뒷걸음치며 나무 뒤에 숨은 것과 꽃잎이 떨어지는 것과
너희 중에
죄짓지 않은 사람이 있다면 이 여자를 돌로 쳐라!
허공을 때리는 소리는 동시였다
사람들이 떨어뜨리고 간 돌이 빈 무덤처럼 수북하다
창녀의 눈물이 예수의 발등을 적시는데
나는 말없이 다가가 피 흘리는 창녀의 손에 손수건을
얹어주면서 허리를 굽히는 예수와 눈빛이 마주쳤다
예수 선생이여!
내가 어찌하여야 이 괴로움에서 벗어나겠나이까?
너는 지금 한 여인의 피를 닦아주지만
나중에는 내가 흘리는 피가 너를 적시고야 말리라
창녀를 부축하며 가물가물 언덕을 넘어가는 예수의
등 뒤에서 버려진 돌들이 화살처럼 따라가고 있었다

하나님은 내 아버지야

나도 모르게 세상 속에서
잡초처럼 키가 훌쩍 커질 때는
슬프고 고독했다

매일 자라나는 내 키를 바라보며
결국 인생은 나이나 지식의 높음이 아니라
순진한 어린아이 같은 마음으로
거꾸로 내려가며 살아야 하는
소원 하나를 남몰래 가졌던 것인데

나의 겉모습이 약할수록
주로 힘있는 큰 사람들이 비웃는다
나도 한 성깔 있지만
요즘은 그래
나를 억눌리는 환경 앞에 서면 큰소리 쳐
하나님은 내 아버지야!
아버지한테 다 일러바칠 거야!

자식이 눈물을 모르는 하나님은
세상에선 존재하지 않을 테니까

변강쇠고라스 정리에 대하여

안 그래도 절룩이며 조심히 걷는데
혼자 운동한답시고 땅을 힘차게 걸을라치면
더 잘 넘어진다
두 다리가 길바닥에 주저앉아 있으면
숨어 있던 다리 하나는
눈치도 없이 불끈 일어서려고만 하니까
아마 그 다리는 운동하지 않아도 되는
8.8하게 타고난 8자인가 보다
애인들이 앞을 다투며
다리가 되어 주겠다고 멀리 혹은 가까이에
달빛에 바람 스치듯 깊은 밤이면
노래 한 수 들으려나 귀를 세우며 오는데
저 다리를 합하면 지네발이 아닌가
다리가 많아도 걱정이고
내가 가진 다리 한 개라도 소리 소문없이
하늘을 걷게 되는 날이 왔으면
죽어도 소원이 없겠다

고정관념의 눈

뿌리가 밖으로 나왔다고 뿌리가 아니겠는가
바람이 그랬는지
스스로 그랬는지
가끔은 뿌리도 외출하여
줄기를 내고 잎을 피우고 열매를 맺는다

숲은 가만있는데
지나가는 사람이 쳐다보며
쿡쿡 찔러대고 툭툭 발길질한다

고요와 깊이를 아는 자는
은은한 시선의 미소만 있어도 충분하다

뿌리가 아니라고 단정하지 말아야 할 것은
판단한 그것으로 판단 받을 것이요
비웃는 그것으로 비웃음을 받을까 함이라

내 마음대로 흐르는 시간

열흘 전에는 102동에서 누가 쿵 떨어지더니
오늘은 105동에서
에라이! 소리 지르며 쿵 떨어졌다고 한다 한밤중
아파트 화단에서 번쩍 카메라 후레쉬가 터진다

자살을 거꾸로 하면 살자인데 와 저카노
팔짱 끼고 웅성이는 사람들의 혀가 뱀처럼 갈라진다
갈수록 날씨가 안 좋다
바람 잘 날 없어 사람도 과일도 너무 잘 떨어진다
떨어지기 싫은 사람은 목이나 매고 축 늘어진다

눈 밝은 10대 아이들 너덧 명이 10미터 거리에서
시신을 쳐다보며 키득키득 웃는다
발정 난 암고양이 한 마리 앉혀놓고
힘센 수고양이들은 풀숲에서 뒤엉키며 싸우는데
사람 사는 집이 낮아도 걱정이고 높아도 걱정이다
내 마음대로 하겠다는데 어쩌겠는가

구름에 허리가 잘린 달빛 위에서
창조주 홀로 기분 나쁜지 이맛살을 찌푸리고 있다

11월

이런 세상 처음 보았습니다
단풍나무 아래서
단풍나무 같은 사람 하나
아무리 기다려도
오지 않는
이런 세상 처음 보았습니다

열매처럼 알곡처럼
활활 태우다가 죽을 수만 있다면
이를 기뻐 여길
사람 하나 없는 이런 세상
해도 해도 너무합니다

나는 나무 밑에서
하늘을 마구 흔들었습니다
혹시 압니까
하나님이 툭 떨어질지
나처럼 눈이 퉁퉁 부은
그리운 사람으로 나타날지

작은 사람이 있어 행복하다

내 인생 안에서
작은 사람이 있어 행복하다
소란했던 세월의 숲을 나와 보니
이제야 보인다

작은 사람이
작은 사람을 찾아가며
깊어가는 이야기가
이제야 들린다

작은 사람은
그냥 작아진 사람이 아니다
바람에 깎여지고
뜨거운 불에 녹았다고 한다

내 삶 속에서
작은 사람이 있어 행복하다
사랑할수록 아픈
참된 평화가 있기 때문이다

기다리며 이루어지는 사랑

내가 사랑하는 너는 한그루 나무였다
계절은 부지런히
너를 오르내렸으나
아직 꽃이 피지 않은 그런 나무였다

몸은 크고 어린 너의 영혼
지금은 감당하지 못할 내 사랑
나는 새가 되고 바람이 되어
너를 간지럽힐 수밖에 없다

아침이면 물안개 호수
저녁이면 달빛에 박자 되는
풀벌레 울음까지 퍼담아
너의 나뭇가지에 반지처럼 걸어주었다

나를 몰라도 풍경에 반하도록
순진한 너의 가슴에 추억을 쌓았다
냉가슴 앓는 고백을 화살처럼 쏘았다

그리고 나는 떠났다
너에게 쌓인 추억만큼
아주 떠난 듯이 숨어서 지켜보았다

단 한 번 뇌성 번개가 나무를 치던 날 밤
너는 심하게 떨며 울었지
추억이 풍경이 아름다운 것이 아니라
너의 때를 기다리고 기다렸던
내 사랑 때문에
그토록 아름다웠다는 것을

목단꽃 당신

사람된 내가 인간에게 상처투성이가 되어
깊은 산 속에서 약을 들이켤 즈음
발아래 피를 토하며 피는 꽃을 보았다

당신도 길 없는 벼랑 끝에 서서
나보다 먼저 약을 먹었는가
천만에요,
눈보라 속에서 준비해온 삶
겁탈당하려는 순간 놀라
한꺼번에 피는 사랑으로 비명을 질렀습니다

대명천지에 인간보다 독한 약은 없어
해독의 방법으로 크게 벌린 가슴
강간의 길에서 부끄럼 없는 시대의 얼굴들이
갓 태어난 처녀를 찾아 두리번거릴 때마다
내 심장은 바람 없이도 초조했으나

아흔아홉 가지 그리움을 버려서라도
한 사람의 절망하는 사랑을 품기 위해
밤이면 전신을 오므립니다

밤이든
낮이든
나는 더 바라볼 길이 없으니
그대 속에 들어가 강물처럼 흘러도 좋은가

주여, 이 가을에는 나를 불러주소서

추수할 것은 많으나
추수할 일꾼이 부족하다 탄식하시는 주여,
이 가을에는 나를 불러주소서
멀리 떠나 있던 이방 땅에서 절룩이며
나 이제 돌아왔사오니
넘어 넘어지며 상처 난 이 모습 이대로
주여,
눈물로 소리치며 나 이제 돌아왔사오니
연약하다 외면하지 마시고
이 가을에는 나를 불러주소서
용감한 군사만이 일꾼이라 하옵시면
저 넓고 분주한 들녘에
일꾼들의 수종 자로 세워
흥이라도 돋우게 노래라도 부르게 하소서
이마에 흐르는 땀이라도 닦아주게 하소서
주여,
당신의 손으로 접붙인 저 나무 곁가지에는
내 생애 눈물과 가난도 매달려 있나이다
나를 긍휼히 주목하여
이 가을에는 나를 불러주소서

로즈데이

낯설지 않은 장미의 날
흐린 기억 속에 그냥 지나갔구나
살다가 문득 돌아보면
때로 인연된 사람에게
사랑한다 말하고 싶을 때 있지
하늘이 투명한 날을 골라
장미밭에 가고 싶다
떠오르는 얼굴마다
알뜰히 이름 부른 뒤
숨이 멎도록 안아주고 싶다
송송 돋아난 가시에 온몸을 문질러
상처의 흔적을 덮는 피 흐르는
세상에서 가장 붉은 상처가 되어
뒹굴며 고백하고 싶다
하늘 아래 살아있음이 고맙고
사랑해서 행복합니다

꽃에게 길을 물었더니

하도 외로워서
하도 믿을 수 없는 세상이라서
꽃에게 길을 물었다

가야 하는 일이 어디 길 뿐이겠는가
나도 사연이 주렁주렁하고
한번은 만나야 하는 길인데

가야 하는 길과
떠나는 길은 다르다
하도 답답해서 꽃에게 길을 물었더니
꽃이 옷을 홀딱 벗고 나를 부른다

꽃은 원래 옷이 없는데
자꾸 알몸으로 알몸의 옷을 벗는다
길을 알고 싶으면
꽃과 동침을 해야 한단다

괴이하다
처음 보는 사람에게

누가 나에게 들꽃이 되고 싶다고

누가 나에게 들꽃이 되고 싶다고 말했습니다
이야기만 들어도
나는 어느새 바람부는 빈 들에
차분히 서 있는 나를 보게 됩니다
실타래처럼 얽힌 상념의 세월을 털어내며
작게 흔들리는 들풀과
꽃들의 소박한 이미지에
오늘 하루 나를 맡깁니다
들려오는 것은 오직 하나
끝없는 사랑의 속삭임 뿐
여지껏 손에 쥐고 있었던 무거운 짐 내리고
내 영혼에게
내 인생에게
참 미안하다고 고백하는 순간
오래도록 아파하던 나는 사라지고
단단히 뿌리박힌
이름없는 들꽃이 되는 것을 어찌합니까
해마다 그 자리에 꽃피어 난다는
약속을 부여받는 자리에
기뻐서 온몸이 떨리는 것을 어찌합니까

진실은 높은 데서 내려온 고난의 길이다

인간이 비록 욕망과 섞여 같이 먹고 마시며 동침할지라도
외롭게 깨어 있는 사람은 복이 있다
비난과 멸시와 조롱을 견디며 천국을 품고 사는 자이다

사람이 스스로 진실을 말할 수 없으나
외롭게 깨어 있는 힘에 의지하면
선한 영靈이 사람의 몸에 들어가 진실을 말하게 해준다

진실은 언제든 죽을 각오가 되어 있는 전장터와 같다
진실을 말하며 산다는 것, 그것은 곧
내가 세상 들짐승에게 물어뜯기는 것을 허락하는 일이다

알아야 합니다

하늘 아래 선한 인생은 아무도 없습니다
하늘 아래 사는 인생이 하늘보다 높지 못하고
하늘보다 크지 못해요

인생에 과거가 있다는 것은 참 다행한 일입니다
아침에 시작한 삶이 저녁이 되면 몸을 눕히듯
당신은 지나온 시간을 압니다

하늘 아래
집을 지은 인생이 실수하지 않을 수 없지요
아무리 화려한 옷을 입고
비밀을 어둠 깊이 묻어도
늘 당신의 머리 위로 햇빛이 쏟아지듯이
당신 속에 양심은 압니다

하늘 아래 인생이 가장 두려워해야 할 것은
죽음이 아니라
많고 많은 실수,
그것을 반복하고 감추며 산다는 것입니다

올겨울엔 당신이 보고 싶습니다

올겨울엔 당신이 보고 싶습니다
사람이 앗아가 놓고
사람이 그리워하는 모순의 땅
칼과 꽃이 뒤엉켜 싸우던 날
흰 눈은 왜 그렇게 내리는지
옷을 홀딱 벗고 산 자도 죽은 자도 없는
겨울 들판 위에 드러누워
마지막 유서를 쓰고 있을 때
기다렸다는 듯이 나타나는 당신
찬바람 없이도 얼어붙는 냉엄한 사랑이기에
나 차라리 당신의 자궁 속을 흐르는
양수 같은 눈물이 되고 싶습니다
옷이 두꺼운 세상 앞에 알몸으로 드러눕는
끝없는 고백이 되고 싶습니다
꽃이 아름다울수록
칼은 시퍼렇게 날이 서겠지요
내가 두려운 것은 도시에 잠복한 칼이 아니라
차가움도 뜨거움도 없는
당신 없는 겨울입니다

하마터면 그리 살아갈 뻔했구나

내가 만약에 영원히 죽지 않는다면
세상과 사람을 내려다보며
목이라도 꼿꼿이 세워 볼 텐데
백 년도 못 산다니 하마터면 하늘도 무시하는
교만에 빠져 살아갈 뻔했구나
내가 만약에 잘 먹고 잘 입고 높은 학벌에
명문 재벌가의 사람이었더라면 귀족들과 사귀느라
아래로 내려갈수록
더 잘 보이고 더 잘 들리는 신음하는 진실과
자연의 소리를 듣지 못하였으리라
사람이 한 번 높아지기 시작하면
최음제를 마신듯 이기의 쾌락에 빠져도 모르는 법
힘들고 고단한 자리에 태어나
한 시대 한 생의 숨을
깊이 들이마시고 깊이 내쉴 수 있으니
내 영혼이여, 너는 얼마나 노래가 많은가
나를 낮추고 낮추어
아래로 아래로 내려가지 않았더라면
하마터면
눈물도 사랑도 모르고 살아갈 뻔했구나

장미의 분노

오뉴월 밤에 굶주린 바지춤을 내리고
숨어서 다가와 나를 꺾지 마라
나는 상처로 뒹굴어도 뿌리를 내리지만
너는 정녕 죽으리라

평생을 붉은 입술로 기다리며
사랑한다는 말 한마디
십자가 아래 파묻고 떠나고 싶었다

내 몸에 돋아난 가시는 너를 위한 율법
짐승처럼 달려들어 짓밟지 마라
너의 아버지가 강간하다
찔려 죽어 태어난 가시인지도 모른다

상한 갈대 하나라도 꺾지 마라
너의 아들 딸이 꽃피기도 전에
어둠 속에서 천벌을 받을까 하노라

민들레 피고 지는 날

한 번 지고 나면
다시 아니 피는 줄 알았는데
오늘 그 자리에 다시 핍니다

좋은 자리 나쁜 자리 없이
아무 데서나 얼굴 내밀기만 하니
어디 가벼워서 쓰겠습니까

쓴맛은 피하고
단맛에 길든 사람보다 낫습니다
낮은 곳을 찾아다니며
이리도 가까이 오시니
출세를 꿈꾸는 내가 미안합니다

얼마나 정이 많았으면
까칠까칠 모가 난 돌 틈에도
금이 간 사랑채 옹벽에도 핍니까

나 이제 허리를 굽히고
숨어서 우는 외로운 소리 있는지
자세히 살펴보겠습니다

집으로 가는 길

길 하나를 얻기 위해
만나는 길마다 집을 짓고 살았다
무허가 건물이라고 부수고
벌금 고지서를 발부하고 누가 내쫓지 않았다면
나는 여전히 집을 짓고 있을 것이다
영원한 길 하나를 얻기 위해서는
가지고 있던 길을 다 지워야 한다니
부모 형제 자식을 다 버려야 한다니
세상 인연이란 얼마나 독하고
영원한 길이란 얼마나 잔인한 것이냐
묻지 마라 붙잡지 마라
어차피 세상은 잠시 쉬어 가는 곳이다
입안에서 씹히는 세월의 모래알을 뱉어내며
손발이 터지도록 걸어가는 길에
들짐승이 들끓는 것만 보아도
이 길은 집으로 가는 길임이 분명하다
집을 찾게 되면 말해주마
내가 버리고 온 것은 목숨까지 걸어놓고
끌어안았던 사랑이었음을 말이다

위험한 관계

가슴에서 호명되지 않는 그리움은 위험하다
외로운 이가
외로운 이를 향한 눈 속에 미래가 없으면 위험하다
너와 내가 포장한 거리에서 정장을 하고
함께 술잔을 들거나 찻잔을 두고 마주 앉은 눈빛 속에서
벌거벗은 몸을 보고 있다면 위험하다
앞을 보고 눈물의 기도를 하며 걸어도
몰래 뒤에서 다가오는 발자국이 있다면 위험하다
터질 듯이 숨을 토해내고
거칠게 옷을 벗기며 몸을 포개는 엎질러진 물이어도
눈물도 없이 얼굴을 파묻고
등 뒤에서 껴안는 여자는 위험하다
결코 안전할 수 없는 삶의 사각지대에서
우리는 오늘도 유식한 논리로 인생을 이야기하며
멋진 안경을 끼고 잃은 것을 찾아 나서지만
채울 수 없는 물을 마셔가며 사는 인연이란
얼마나 슬픈 일이냐
뱀이 기어다니고 천둥소리 치는 어둠이라 하여도
나도 가끔은 나를 포기하고
가슴과 가슴으로 영혼과 영혼으로 만날 수만 있다면
너를 뜨겁게 끌어안고 싶은 그리움이 있다

중년을 위한 창백한 기도

사방이 벽이었다
벽 안에는 여전히 아버지 어머니의 나무가 자라고
아침이면 갓난아이의 울음처럼 새가 날고
강물이 흐르고 있었다 끊어진
나의 탯줄도 벽 이전의 벽에서 걸어나와
사랑하지 않는 것들과 오입을 하며 서서히
그러나 핑계를 통한 성장을 거듭했다
성장한다는 것은 벽에 갇힌다는 사실을
왜 나는 몰랐을까,
중년에 와서야 갇힌 포로가 되고
내 삶의 벽이 싸늘하다는 것은 얼마나 다행인가
중년은 중천이며 천국과 지옥의 갈림이다
나는 자유를 갈망하며 벽에 그려왔던
내 생의 그림에다 침을 뱉고 지울 것이다
벽 너머에는 또 다른 벽이 있을 뿐이다
무시하며 살아왔던 내 영혼 앞에 팽팽히
연결되어 있는 아집의 탯줄을 물어 뜯어내고
솟구치는 피와 함께 비명을 지르며 얼굴을
쳐들었다 그때 하늘을 처음 보았다
삶의 벽에는 뚜껑이 없다는 걸 처음 알았다
벽은 바람으로 바뀌고
하늘에는 생수가 폭포수처럼 쏟아지고 있었다

나 홀로 길을 걸었네

나 홀로 길을 걸었네
생각이 많은 넓은 길을 빠져나오며
숲 속 오솔길을 따라 천천히 길을 걸었네
그 많은 사랑
그 오랜 추억
그리움의 옷을 벗고 숲 속으로 들어갈 때
계절도 내 뒤를 밟고 있었네
자꾸 따라오며 귓속말을 하였네
당신의 이별 뒤에는
사랑도 따라온다고
밤이 오고 아침이 오기까지
나 홀로 길을 걸었네
깨어있는 잠 속에는 한마디 꿈도 없었네
숲 속에 남겨진 이야기는
다른 이름
다른 얼굴
누구도 모르는 혼자 품은 사랑이었네
하루 종일 내 뒤를 조용히 따라왔던 계절은
하나뿐인 내 그림자였네

너는 모르리라 분해되는 나를

너는 모르리라
하루의 일용할 양식을 손에 쥐고도
오늘 없는 내일을 위해
세세토록 가문의 욕망을 세습하는 지구의 한가운데
왜 내가 하루 한 끼 밥을 먹고도
바람을 보고 들으며
바람에 안겨 잠이 들어도 배가 부른지를

너는 모르리라
낙타의 등에 수맥水脈을 얹어 놓고
세월의 얼굴들이 토끼처럼 뛰며
샘을 찾아 사막을 횡단할 때마다
왜 내가 링거 병처럼 한 방울 한 방울
사막에다 피를 흘리며 걷는지를

사막이 끝나는 길은 나도 모른단다
자궁 안에서나 자궁 밖에서나
처음부터 내 것이 하나도 없었으므로
사막을 걷는 동안 되돌려주는 거란다

너는 모르리라 분해되는 나를
남은 한 방울의 피까지 다 흘리고 나서야

나를 들어올리는 내 영혼의 주인에게
잠시 기다려 달라 양해를 구하면서
내 살과 뼈가 추억도 없이 깨끗하게
바람으로 지워져간 사막의 끝을 보고
돌아서며 웃는 나의 미소를

〈작품해설〉

상한 갈대가 쓰는 영혼의 편지

—이종인 시인의 시 세계

문학평론가 리 헌 석
(사) 문학사랑협의회 이사장

1. 상한 갈대의 노래

처음 이종인 시인이 보내온 시 10편을 읽으면서 가슴이 먹먹하였다. 그의 작품 행간에는 헤아릴 수 없는 아픔이 눈물처럼 반짝이고 있었다.

만남의 감동이 엷어 갈 때쯤이었을까, 그가 보내온 200여 편의 작품을 통독하고 정독하면서 세상이 무너지는 절망, 갈등, 소망을 체험하였다. 이렇게 아픈 사람이 세상에 있다니, 그 아픔 속에서도 아름다운 지향을 노래할 수 있다니, 그래서 시와 인간을 사랑할 수 있다니, 그것은 한 마디로 기적이었다. 그의 작품에는 절망 속에서도 밝게 솟구치는 구원의 빛이 들어 있었다. 그 빛의 산란(散亂) 속에서 불편한 몸을 비티고, 축도하듯 양 팔을 벌린 채, 기도하는 '영혼의 울음소리'가 들려 왔다.

그 정경에서 가슴을 적시는 말씀은 〈상한 갈대를 꺾지 아니하며 꺼져가는 심지를 끄지 아니하기를 심판하여 이길 때까지〉 하신다는 마태복음이었다. 사람은 모두 어느 정도 상한 갈대일 수밖에 없는 것이다. 정도의 차이가 있을 뿐, 육신이나 영혼이 조금쯤은 상한 부분이 있게 마련이다. 그 부분을 누구는 감추기에 급급하고, 어느 사람은 용기 있게 고백하여 새로운 생(生)을 얻기도 한다. 이종인 시인은 후자를 선택한다.

인생의 길을 잘못 걸을까 걱정이 되어
어릴 때 미리 하나님은 아무도 몰래
내 다리를 아프게 했나 봐,
어른이 되어서도 자꾸 넘어지는 걸
그저 다리 탓이라 여겼지
차츰 그 원인이
길이 아닌 길을 걷고자 한
고집스러운 내 마음이었다는 걸 알았어

<중략>

사랑하는 이여, 그리움이여
춤은 나에게
나는 춤에게
그랬어, 나는 세상에서 가장 아름다운 춤을
하나님과 단둘이서만 추었던 거란다
—「세상에서 가장 아름다운 춤」 일부

이 같은 상황에서 어느 누군들 절망하지 않겠는가. 그는 〈많이 외롭거나 슬퍼지는 날에는/ 자주 하늘을 보는 버릇〉이 생겼다고 말한다. 그렇게 하늘을 바라보지만, 수많은 사람과 만나고 이별할 수밖에 없었고, 갠 날보다는 궂은 날이 더 많았을 것이다. 그럴 때에 그는 〈사랑하는 이와 가장 아름다운 춤을 추고 싶다〉고 간절히 기도한다.

그는 자신이 간구한 기도의 응답으로 〈어디선가 한줄기 서늘한 바람이/ 내 속의 모든 것을 송두리째 휘감아/ 산으로 옮겨다〉 놓는 은혜를 받는다. 그 가운데에서 그는 〈바람이 적절히 불어주지 않았으면/ 춤도 음악도 아니었을 거야/ 하늘, 구름, 꽃, 잎사귀, 새소리/ 행복, 이별〉 등의 소용돌이 속에서 육신의 아픔을 극복하기에 이른다. 그리하여 하나님과 단둘이서 가장 아름다운 춤을 추게 된다.

그가 하나님과 단 둘이 추는 춤을 언어로 변환시킨 것이 '시'이고, 이 작품 속에는 음악과 행복과 이별의 변주(變奏) 속에 수많은 꽃이 피어났다. 그 꽃들이 천상으로 올라가서 아름다운 별빛이 되었다. 그 별빛 속에 머물며, 아픔의 눈물과 영혼의 승리를 공유하게 되었고, 그 빛의 언저리를 간략하게 정리하기로 한다.

2. 길에서 빛을 만나고

이종인 시인은 삶의 전 과정을 '길'로 인식한다. 세상을 어둡게 살아내는 것도 '길'이고, 어둠을 태워서 밝음을 지향하는 것도 하나의 '길'이다. 그는 〈한동안 어둠이 나를 지배했다/ 아니다, 내가 어둠을 불러들였다/ 빛과 함께 걸어가고 있을 때/ 뒤에서 누가 나를 자꾸 불렀다/ 그 소리는 점점 커지기 시작했는데/ 산더미처럼 쌓인/ 나의 걱정 근심이었다.〉고 「어둠에서 빛으로」의 서두에서 밝힌다.

빛과 어둠으로 분화되어 있는 그의 삶은 〈자살을 몇 번이나 기도하고/ 저 자식 인간 되겠나,/ 세상 후렴으로 나부끼는 / 새벽 가로수를 술 취한 주먹으로 쥐어박으며/ 하늘을 향해 짐승〉처럼 울부짖는 모습이다. 그러나 「하늘은 나의 편」에서처럼 흔들리는 삶 속에서도 〈하늘은 너의 편이란다/ 이 땅에서 겪는 너의 모든 고통이 약속된 천국이란다〉 그것이 바로 〈어쩔 수 없는 사랑〉이라는 음성을 듣고 종교에 의탁(依託)한다.

이를 바탕으로 '진실'은 높은 데서 내려오는 고난의 길이라는 깨달음에 이른다. 〈진실은 언제든 죽을 각오가 되어 있는 전장터와 같다/ 진실을 말하며 산다는 것, 그것은 곧/ 내가 세상 들짐승에게 물어뜯기는 것을 허락하는 일〉이라는 편향적 시각에 갇힌다. 그리하여 〈하늘 아래 선한 인생은 아무도 없습니다〉라는 부정적 잠언에 이른다. 그렇지만, 빛을 향하는 신앙의 힘에 의하여 구원을 받게 되는데, 그 과정이 작품에 투영된다.

길 하나를 얻기 위해
만나는 길마다 집을 짓고 살았다
무허가 건물이라고 부수고
벌금 고지서를 발부하고 누가 내쫓지 않았다면
나는 여전히 집을 짓고 있을 것이다
영원한 길 하나를 얻기 위해서는
가지고 있던 길을 다 지워야 한다니
부모 형제 자식을 다 버려야 한다니
세상 인연이란 얼마나 독하고
영원한 길이란 얼마나 잔인한 것이냐
묻지 마라 붙잡지 마라

어차피 세상은 잠시 쉬어 가는 곳이다
입안에서 씹히는 세월의 모래알을 뱉어내며
손발이 터지도록 걸어가는 길에
들짐승이 들끓는 것만 보아도
이 길은 집으로 가는 길임이 분명하다
집을 찾게 되면 말해주마
내가 버리고 온 것은 목숨까지 걸어놓고
끌어안았던 사랑이었음을 말이다

—「집으로 가는 길」 전문

이 시는 이종인 시인의 대표작이라 하겠다. 수준이 높을 뿐만 아니라, 시인 자신을 가감 없이 투영하고 있다.

이 작품은 구원받기 전의 방황에서 출발한다. 종교적 발상에서 보면 수많은 양들 중에 잃어버린 한 마리 양의 대역(代役)일 수도 있다. 한 마리 양이 실수로 길을 잃을 수도 있지만, 내면의 갈등에 의한 자학적 방황의 징표일 수도 있기 때문이다. 이 과정을 그는 〈길 하나를 얻기 위해/ 만나는 길마다 집을 짓고 살았다〉고 표현한다. 이러한 은유는 다양한 해석이 가능한데, 삶의 현장에서 이것저것 가리지 않고 여러 분야의 일을 하며 살았다는 것일 수도 있고, 여러 사람과 인연을 맺으며 살았다는 것으로도 유추된다. 그런데 이 집은 높은 곳에서 볼 때, 벌금 고지서를 발급해야 할 정도로 〈무허가 건물〉이었다. 신앙의 선택이 없었다면, 그는 계속하여 무허가 건물을 짓고, 뜯기고, 다시 짓는 과정을 수없이 반복하면서 방황하였으리라는 것이다.

그러나 영원한 길 하나를 얻기 위하여 그는 부모, 형제, 자식을 비롯하여 가지고 있는 모든 것을 버렸다. 그래서 〈세상 인연이란 얼마나 독하고/ 영원한 길이란 얼마나 잔인한 일이냐〉라고 항변하기에 이른다. 그렇지만 〈입안에서 씹히는 세월의 모래알을 뱉어내며/ 손발이 터지도록 걸어〉 영혼의 집으로 향한다. 그러면서 다시금 깨닫는다. 영혼의 구원을 위하여 자신이 〈버리고 온 것은 목숨까지 걸어놓고/ 끌어안았던 사랑이었음〉을 고백한다. 말하자면 자신의 생명처럼 소중했던 것들을 모두 버리고 영생의 길을 선택하였다는 눈물겨운 만행(萬行)의 과정이다.

3. 너에게로 가는 길

이종인 시인은 신체적 아픔을 '목마름'으로 인식하는 것 같다. 「비가 나무를 적시며 물었다」에서 〈시냇가에 살면서도 목마른 너의 삶〉을 염려한다. 이에 대하여 나무는 〈흐르는 물에 내 사랑 비출 수 없고/ 뿌리째 몸을 적셔도/ 물살에 스치는 인연이 아파/ 채울 수 없는 목마름〉에 살고 있다고 항변한다. 이러한 바탕에서 비는 〈목마른 사랑이 잎으로 돋아나고/ 가지를 뻗어가며 입을 벌릴 때마다/ 나는 너에게 약속으로 내리겠다/ 하늘의 이야기로 내리겠다〉고 신앙적 수준의 약속을 주고받는다.

이러한 약속이 여러 편의 '비'로 승화된다. 2월에 내리는 비, 3월에 내리는 비, 4월에 내리는 비, 8월에 내리는 비가 모두 다르듯이 언약의 실상도 다양하다. 이 중에서 「3월에 내리는 비」를 그는 〈매복한 수만 대군의 화살〉로 비유한다. 또한 〈내 평생 서원한 기도가/ 물로 만든 갑옷 한 벌 입는 것이거늘/ 이미 젖은 것은 목말라하지 않는 법〉이라고 밝힌다. 그러면서 '비의 화살'이 되기를 자청(自請)한다. 〈허공을 관통한 화살이 땅에 떨어져야만/ 비로소 호명된 생명의 꽃으로 일어서고/ 자폭한 너의 사랑도/ 돌무덤을 밀어젖히며 걸어 나올〉 것이기 때문이다. 자폭한 사랑이 돌무덤을 밀어젖히고 걸어 나오는 것은 바로 생명의 무한한 가능성을 말함이다.

그리하여 비가 꽃을 찾아 내려오듯이 시인 역시 '너'를 찾아 길을 떠난다. 비가 〈가슴에 수많은 추억만 찔러놓고/ 새로 난 길을 차지하고 앉아/ 포기할 수 없는 그리움〉을 생성하는 것처럼, 그 역시 그리움을 찾아 길을 떠난다.

꾸밈도 가식도 없이
흘러가는 냇물 따라가다 보면
가장 깊은 어둠 속에서 붉게 뜨는 햇살처럼
그대 사는 동네가 나오겠지
폭풍이 불고 신기루 속에 갇혀도
딱따구리처럼 쪼아대며 가리라

비 내린 후에
반드시 뜨는 무지개가 너의 얼굴이고
너의 약속이라는 걸 알고 있단다

더 울지 않아도 예쁘게 기다리고 있을 너
참 어려운 길을 왔노라고
비정한 세상 추억
날씬하게 빠져나온 이야기
한 송이 꽃 속에 숨기고서 너에게로 가겠다

—「너에게로 가겠다」 전문

신앙에 의해 '씻김'을 받은 시인은 〈꾸밈도 가식도 없이〉 순수하게 살기를 소망한다. 그렇게 살다 보면 〈가장 깊은 어둠 속에서 붉게 뜨는 햇살〉도 맞게 될 것이고, 〈폭풍이 불고 신기루 속에 갇혀도〉 쉬지 않고 가다 보면 '그대' 또한 만날 수 있으리라 기대한다. '그대'는 〈비 내린 후에〉 뜨는 무지개와 같은 것이고, 그 무지개는 약속의 징표로 기능한다. 그리하여 〈비정한 세상 추억〉마저 버리고 그리움을 찾아 가겠다는 간절한 바람이 담겨있다.

'그대'를 향하여 가는 길은 그야말로 가시밭길이어서 감내할 수 없는 아픔을 동반하게 된다. 〈나는 칼로 내 배를 갈라 팔닥팔닥 심장만 남겨두고/ 인연의 강물에다 모조리 쏟아 붓고/ 아슬하게 간에 매달린 쓸개만을 터뜨려/ 시와 반죽하며 빵을 만들어 먹다가/ 초롱초롱 밤하늘 별을 향해 집어던지곤〉 했다고 말한다. 〈그런 날에는 응애응애 버려진 아기 울음처럼/ 칠흑의 어둠 속에서 별들이/ 쓰디쓴 쓸개 비가 되어〉 내렸다고 말한다. 이는 실제 고통을 겪은 사람의 체험적 형상화라 하겠다. 그 아픔을 홀로 견디고 극복했기 때문에 그의 시는 독자에게 뼈저릴 정도로 감동을 전이(轉移)하는 능력을 유지한다.

대부분의 시인들이 심혼(心魂)을 다하여 작품을 창작하지만, 그 작품들이 모두 가슴 저린 감동으로 다가서는 것은 아니다. 자신의 위안에 머무는 작품도 많으며, 소수의 사랑을 받는 것으로 만족하는 작품이 존재하는 것도 현실이다. 그러나 형언할 수 없는 아픔을 체험하고, 그 바탕에서 시를 빚어내면, 독자들도 그 아픔의 언저리에 이르게 되고, 공감의 눈물을 흘리게 마련이다. 이종인의 시집에 수록된 대부분의 작품들이 그러하다.

4. 아픔이 아픔을 위로하고

참을 수 없는 지경의 아픔마저 그는 사랑과 신앙으로 극복한다. 그리하여 그의 아픔은 다른 사람의 아픔을 위로하는 역할을 담당한다. 「가난한 사랑 노래」에서 〈종이배를 타고서도/ 터지도록 노를 저었던 생애/ 박제된 일몰이 치열하게 내리고/ 피 흘리던 내 사랑은 갇힐수록 소리〉가 고와지더라고 노래한다. 우리가 사는 곳은 〈막힌 길〉이고 이 길은 〈눈물로 어루만져야 열리는 하늘〉로 이어진다. 그래서 낡은 밥상을 대할 때에도 〈가난한 소망의 기도〉를 잊지 말라고 당부한다.

이와 함께 「세상 모든 부자에게」 가난한 사람들의 기도에 동참하기를 권유한다. 가난한 사람의 보조관념으로 존재하는 자신은 〈비 한 방울 내리지 않는 사막이나 광야에서/ 평생을 두 발 달린 선인장으로 살다가/ 온몸에 가시를 두른 채 한 송이 꽃만 머리에 이고〉 살아간다. 자신의 머리에 한 송이 꽃을 이고 있다는 것은 '시인'으로서의 역할에 다름 아닐 터, 그는 부자들에게 〈사막이나 광야에서 굶주리고 신음하는/ 가난한 사람들〉을 도와줄 것을 간절하게 당부한다. 자신의 머리에 이고 있는 '꽃'마저 받지 않는다면, 〈아픔으로 돋아난 내 몸의 가시로/ 당신을 사랑하며 끌어안고 울〉겠다고 말한다.

그러나 세상은 냉정하다. 냉정하다기보다는 냉혹한 편이다. 가난한 이들을 돕는 사람들도 있지만, 이웃의 아픔을 외면하고 자신의 풍요로움만을 추구하는 사람도 많게 마련이다. 그리하여 시인은 절망의 와중에서 더욱 절실한 소망을 노래할 수밖에 없다. 그리하여 〈널 위한 기도의 물꼬를 터뜨려 강물처럼/ 바다에 이르는 노래를 부르지만〉 대답처럼 들려오는 것은 〈너의 신음소리〉로 귀납된다. 그렇다 해도 그는 눈물로 기도할 수밖에 없는 것이리라.

나도 그랬단다 참 많이도 아팠단다
내일 일을 몰라서
오늘 다 쏟아내지 않고는
견딜 수 없었던 아픔
열병의 긴 하루 사이로
불안한 설렘이 가슴치고
꿈 같은 만남을 노을 속에 기대며
죄 없이 이루어지는
사랑이 되게 해달라고
평생에 짊어질 인연의 땅에
한 사람이라도 함께
봄 여름 가을 겨울이 되는
행복한 아픔,
풍경 같은 추억을
면류관처럼 머리에 이고
펄펄 끓어오르는 기도 속에
나도 그랬단다 참 많이도 아팠단다
—「아파하는 그대에게」 전문

시인이 아파하던 사물이나 상황은 대부분 일상에서 마주칠 수 있는 것들이다. 애상이 넘치는 「꽃상여」에서, 〈나 어릴 적에/ 꽃상여 나가는 소리가 참 좋았네〉라는 동심을 펼친다. 〈이승에서 못 다 핀 꽃이라도/ 슬픈 한으로 남겨두지 말아라〉 〈이제 가면 언제 오나 노래하면/ 긴 한숨으로 허리가 펴지던 길〉이었다고 추억한다. 〈삼베저고리 소맷귀로 눈물 훔치던 엄마의 치맛자락을 붙잡고/ 어리고 순했던 나는/ 엄마도 나를 두고 떠날까/ 손에 땀이 나도록 올려다 보았네〉에서 보면, 그 '꽃상여'의 주인공은 시인과 가까운 사람이었을 터이지만, 〈영원히 떠나지 않으리라 약속하는/ 우리 엄마 독백기름 검은 머릿결〉만이 가슴에 남아 있다.

이와 같은 아픔이 그를 조금은 강하게 만들었을 터이고, 이로 인해 아픔의 수렁에서 타인까지 건져 올리려는 긍정적 의지가 생성된다. 동병상련(同病相憐)은 닫혔던 마음의 문을 열게 하고, 그로 인해 무거웠던 마음이 조금쯤은 가벼워지게 마련이다. 가까운 사람의 아픔도 그러하겠지만, 〈멀리 지구의 벼랑 끝에서/ 누군가 절망으로 몸부림칠 때〉도 같은 마음으로 사랑하고 기도해야 한다는 것을 그는 체험으로 터득한다. 〈너무 힘들고 고통스럽습니까/ 그래도 사랑해야 합니다/ 당신의 사랑은 결코 작지 않습니다/ 어쩌면 하나님은 당신 하나를 봐서라도/ 세상 종말을 미루고 있는지도 모릅니다〉라고 노래하여, 사랑이 다다를 수 있는 지고(至高)한 경지를 지향한다.

5. 진정한 사랑으로 거듭나서

이종인 시인은 어둠에서 빛으로 선회한 사람이다. 그 과정에 형언할 수 없는 갈등을 겪었을 것은 자명(自明)하다. 〈나도 멋지게 한번 살아보고 싶어/ 낮에 마신 술은 또 얼마나 독한지 똥물까지 토하며/ 하루는 성경책을 내 던지고 복권을 긁다가 잠〉이 들 정도로 심화된 갈등을 표출하기도 한다.

그렇지만 그 갈등을 극복하고 신앙의 고삐를 당기자, 그의 내면에는 하나님의 사랑이 충만하게 된다. 그 과정을 노래한 작품이 바로 「하나님이 울고 계시네」이다. 〈천지를 만드신 하나님이/ 내 안에서 울고 계시네/ 하늘 영광 다 버리고/ 더럽고 추한 내 안에서/ 울고 계시네〉라는 깨달음에 의하여, 그는 새로운 사람으로 거듭난다. 그 하나님은 아득하게 먼 곳에 계신 것이 아니라, 그와 눈높이를 맞추면서 희로애락(喜怒哀樂)을 나누는 분이다. 〈어둠은 가고/ 나는 집에서 아버지와 만났네〉 〈하늘에서 땅에서/ 우리는 얼싸안고/ 크게 울고 크게 웃었네〉라고 당당하게 밝힐 수 있는 분이다.

그러자 내면에 넘치는 사랑을 체험하게 되고, 이 감격을 다른 사람들과 나누려는 이타심(利他心)이 발동한다. 내가 힘들 때, 많은 사람들이 힘이 되어 주었던 것처럼, 힘든 사람을 만나면, 그에게 다가가서 스스로 지팡이가 되고자 한다.

나도 몹시 아픈데
당신은 또 왜 그렇게 아픕니까
내가 건강만으로 산다면
하마터면
그 아픔을 모르고 지나갈 뻔했어요
나에게 힘은 없지만
우리는 모두 불쌍한 인생이니
내 손을 잡고 일어나 보세요
일어난 뒤에도 서 있다 생각 말아요
우리는 넘어지기 쉽습니다
나중에 혹시 주저앉은 나를 보시거든
내가 그러하였듯이
당신도 나를 좀 일으켜 주십시오
하늘 아래
상처 없는 사람은 없습니다

—「기억해 주세요」 전문

그가 어둔 세상에서 빛의 세상으로 돌아선 것만으로도 주위 사람들에게는 커다란 위로가 되었을 터이다. 그와 함께 그가 빛의 세상에 들어서면서 자신의 진면목(眞面目)을 찾게 되고, 자신에게 부여된 천부적 달란트를 활용하여 타인을 위로하는 것은 참으로 경탄할 일이다. 그의 거듭남이 소중한 것처럼, 그가 문학과 사랑으로 세상을 밝히는 일은 수많은 독자들에게 위로와 화평을 나누워 줄 수 있는 귀한 일이다.

그는 시(詩)를 통하여 세상과 소통한다. 그 과정에서 많은 지인과 독자들을 만난다. 시를 낭송하여 세상과 정서적 공감대를 형성한다. 이를 통하여 고통 받는 사람들에게 위로가 되기도 하고, 갈등에서 헤어나지 못하는 사람에게는 본보기가 되기도 한다. 이 과정이 마음처럼 용이(容易)한 것은 아니지만, 이웃들과 힘을 모으면, 예상보다 더 아름다운 결과를 얻게 마련이다. 〈하늘 아래/ 상처 없는 사람은 없습니다〉라는 깨달음, 〈나중에 혹시 주저앉은 나를 보시거든/ 내가 그러하였듯이/ 당신도 나를 좀 일으켜 주십시오〉라는 겸양(謙讓)이 그의 작품을 가치 있게 한다.

이제 이종인 시인은 스스로 추구하는 이타적 삶을 살아내기 위하여 혼신을 다할 것이다. 절망적 상황에서도 희망의 통로를 찾아낸 혜안으로 시를 빚을 것이고, 그 작품들이 많은 사람의 가슴에 스며들어 서정적 '구원의 씨'가 되리라 믿는다. 그리하여 그의 삶과 문학이 아름답게 만개(滿開)하기를 기대한다.

세상에서 가장 아름다운 춤

이종인 시집. 2011

인　　쇄 | 2011년 8월 1일
발　　행 | 2011년 8월 5일

지 은 이 | 이종인
발 행 인 | 李憲錫
발 행 처 | 오늘의문학사
출판등록 | 제55호(1993년 6월 23일)

주　　소 | 대전광역시 동구 삼성1동 125-6 한밭오피스텔 401호
전화번호 | (042)624-2980
팩　　스 | (042)628-2983
홈페이지 | http://www.lito77.co.kr(홈페이지)
전자우편 | hs2980@hanmail.net

ISBN 978-89-5669-447-4 03810

값 10,000원